JIYU NONGHU SHIJIAO DE
NONGCHANPIN LIUTONG MOSHI YANJIU

基于农户视角的
农产品流通模式研究

郑 鹏／著

中国财经出版传媒集团

经济科学出版社
Economic Science Press

图书在版编目（CIP）数据

基于农户视角的农产品流通模式研究/郑鹏著 . —北京：经济科学出版社，2016. 12

ISBN 978 - 7 - 5141 - 7606 - 3

Ⅰ.①基…　Ⅱ.①郑…　Ⅲ.①农产品流通 - 流通模式 - 研究 - 中国　Ⅳ.①F724. 72

中国版本图书馆 CIP 数据核字（2016）第 307163 号

责任编辑：李　雪
责任校对：徐领柱
责任印制：邱　天

基于农户视角的农产品流通模式研究

郑　鹏　著

经济科学出版社出版、发行　新华书店经销

社址：北京市海淀区阜成路甲 28 号　邮编：100142

总编部电话：010 - 88191217　发行部电话：010 - 88191522

网址：www. esp. com. cn

电子邮件：esp@ esp. com. cn

天猫网店：经济科学出版社旗舰店

网址：http：//jjkxcbs. tmall. com

北京季蜂印刷有限公司印装

710 × 1000　16 开　16.75 印张　240000 字

2016 年 12 月第 1 版　2016 年 12 月第 1 次印刷

ISBN 978 - 7 - 5141 - 7606 - 3　定价：56.00 元

东华理工大学学术专著出版资金

东华理工大学地质资源经济与管理研究中心

东华理工大学资源与环境经济研究中心

江西省软科学研究培育基地"资源与环境战略研究中心"

江西省"工商管理"省级重点学科

联合资助

序

　　农产品流通问题是理论界和政府部门长期关注的重要理论和现实问题。长期以来，众多理论研究者和实践从业者都试图科学、客观和全面认识农产品流通的相关问题，以便推动农产品流通难题的破解。东华理工大学经济与管理学院郑鹏博士撰写的《基于农户视角的农产品流通模式研究》一书，立足于我国农业小规模分散经营的现实国情，综合运用马克思政治经济学、农业经济学、流通经济学、新制度经济学和福利经济学等理论，采用归纳和演绎相结合、规范研究和实证研究相结合、定性分析与定量分析相结合等研究方法，系统研究了基于农户视角的农产品流通模式问题，获得了一些有价值的结论，对政府制定科学的政策措施也有一定的参考价值。

　　纵观全书，该书有以下几个特点：

　　第一，研究视角具有新意。现有文献表明，解决小农户与大市场对接问题是当前农产品流通领域的瓶颈问题之一，该书从农户视角研究农产品流通模式问题，与以往从宏观层面开展的研究具有明显不同的视角。另外，在具体研究中，从交易费用和农户福利两个不同的角度对农产品流通模式开展研究，也是一项创新性的尝试。

　　第二，研究方法上的新尝试。该书将一些前沿计量模型和技术创新性的应用于农产品流通研究领域，取得了不错的研究结论。如该书运用区别于传统福利经济学框架的森的可行能力理论构建农户福利的模糊评价模型，并将之运用于评价不同流通模式中农户的福利问题，在农产品流通研究领域具有新意。

第三，研究内容上的拓展性尝试。该书对农产品流通领域的一些新的领域和问题做了拓展性的研究。如第四章从外生环境视角探讨了农产品流通渠道变革的方向和规律，并探讨影响农产品流通渠道演进的外生环境因素，有助于从宏观上更好地把握农户如何更高效地融入农产品流通渠道这一现实问题；第八章专门研究了"农超对接"这一特定的农产品流通模式中合作社对农户盈余分配问题，在研究内容上具有一定新意。

第四，研究所需数据的获取方法及数据使用是科学的。该书所使用的宏观数据均来自于对官方机构发布的公开数据的清洗和整理，所使用的微观数据均来自于研究团队的田野调查。这些数据的科学获取和使用是本书研究结论和政策建议得以立足的重要基础。

总之，《基于农户视角的农产品流通模式研究》一书的出版，有助于加深对农户融入现代农产品流通体系的认识，并为相关学术研究和政府决策提供参考。

李崇光

2016 年 12 月　武昌狮子山

前　言

　　长期以来，农产品流通问题都是农业经济与管理学关注的重点问题，同时也是流通经济学关注的热点领域。农产品的流通问题不仅关系到亿万分散农户的基本利益和城镇居民的日常生活，也关系到为数众多的农产品流通中间环节从业者的基本福利。农产品流通连接农产品（食品）生产和消费的特性使其在加强食品安全控制和"三农"问题的解决等方面具有举足轻重的作用。农产品流通模式问题是农产品流通的重要课题和关键环节。我国存在亿万分散的农户直接参与农业生产和流通的现实，使得从农户视角研究和探索农产品流通的模式问题具有重大的理论价值和现实意义。

　　本书旨在马克思主义理论的指导下，贯彻十八大以来中央的有关精神，立足于我国农业小规模分散经营的现实国情，综合运用马克思政治经济学、农业经济学、流通经济学、新制度经济学和福利经济学等理论，采用归纳和演绎相结合、规范研究和实证研究相结合、定性分析与定量分析相结合等研究方法，系统梳理了中华人民共和国成立初期以来粮棉等大宗农产品、果蔬等生鲜农产品，以及肉禽蛋类农产品流通体制变革的历程，并对我国农产品流通体系的历史演变、现状特征，以及未来方向做了系统论述，并从外生环境视角探讨了农产品流通渠道变革的方向和规律，而后从农户视角的农产品流通模式的内涵出发，对基于农户视角的农产品流通模式的类型进行了归纳和分析，进而利用统计调查数据采用计量模型从交易费用和农户福利两个角度对农产品流通模式的比较和选择进行了实证研究。除此之外，本书还特别对"农超对接"这一以合作社为核心的农产品流通新模式中的盈余分配问题进行了深入探讨。最后，在梳理和借鉴主要发达国家农产品流通一般经验的基础上，本书还提出了农户更好地参与农产品现代流通体系的政策建议。

本书研究的主要内容及结论如下：

本书认为，研究基于农户视角的农产品流通模式，首先需要把握我国农产品流通体制的历史演进过程，尤其要重点关注我国农产品流通体系的历史演变、现状特征和未来方向。本书系统梳理了中华人民共和国成立初期以来粮棉等大宗农产品、果蔬等生鲜农产品，以及肉禽蛋类农产品流通体制演进的历程：粮棉等大宗农产品大致经历了自由购销体制阶段、统购统销阶段、"双轨制"阶段、市场化的尝试阶段，以及政府指导下的市场化进程等几个阶段；果蔬等生鲜农产品则经历了短暂的自由购销体制阶段、以国营商业企业经营为主的计划流通阶段、产销"大管小活"阶段、市场化尝试阶段，以及自由市场流通等几个阶段；肉禽蛋类农产品则大致经历了自由购销为主的流通阶段、政府"派购"和国家领导的自由市场交易并存阶段、由计划调节向市场调节过渡阶段，以及自由购销等几个阶段。本书对我国农产品流通体系的历史演变、现状特征及未来方向做了系统论述，重点分析了计划经济体制下的农产品流通、当前市场化的农产品流通，以及未来现代化的农产品流通体系的构成及其特征。

本书认为，在农产品流通环境持续变革的背景下，厘清外部环境对农产品流通渠道演变趋势的影响，有助于从宏观上更好地把握农户如何更高效地融入农产品流通渠道这一现实问题。本书通过从农产品流通演进外生视角构建的理论模型，并利用1981～2014年的时间序列数据对农产品流通渠道演进的外生环境因素进行了实证研究，研究发现：第一，农产品流通渠道长度的演变呈现出明显的阶段性特征，表现为渠道长度先变长再变短的"倒 U 型"演变趋势；第二，居民食品消费支出、消费者延拓性、交通基础设施，以及农产品流通政策的市场化导向对农产品流通渠道的长度具有显著的负效应，而居民的老龄化程度对农产品流通渠道的长度却表现出显著的正效应；第三，城市化水平和居民的教育程度对农产品流通渠道的长度没有显著影响；第四，鉴于各环境变量对农产品流通渠道变革作用方向和影响程度的差异性，未来农产品流通渠道变革的演进还将呈现出一定程度的波动特征。

本书认为，研究基于农户视角的农产品流通模式，必须清晰的界定基于农户视角农产品流通模式的深刻内涵、主要类型、基本特征和具体路径。通过对基于农户视角农产品流通模式内涵的界定，可归纳出的农产品流通模式主要有"农户＋市场"的直接流通模式、"规模农户（农场）＋市场"的农户横向一体化流通模式、"农户＋经纪人＋市场"的贩运型流通模式、"农户＋批发市场（批发商）"的批发市场集散模式、"农户＋合作经济组织（合作社和协会）＋市场"的合作经济主导流通模式、"农户＋龙头企业＋市场"的龙头企业带动流通模式，以及农产品流通的其他模式（如农超对接、农社对接、农产品期货、拍卖及电子商务等）。并在此基础上，提出了农户对农产品流通模式选择主要有农户通过横向一体化转变为"农场（大农户）"的自组织化探索主体选择内推路径，农户组织起来（如建立农民专业合作社、农民专业技术协会）进入市场的农户自主选择与政策相互作用的路径，农户通过与市场化特征明显的龙头企业"纵向一体化"合作的政策规制外推路径，以及农户通过其他缩短流通环节（如农超对接、农社对接、农产品期货、拍卖及电子商务）进入市场的新路径等。

本书认为，从交易费用和农户福利两个角度实证研究农户对农产品流通模式的比较与选择，有助于推进农户融入农产品现代流通体系。第一，基于 Multinomial Logit 模型和多元回归模型分别研究了交易费用对农户农产品流通模式选择的影响和对农户绩效的影响。研究结论表明：（1）就交易成本的节约角度看，农户以"抱团"形式集体进入市场更有利于保障和提升农户的利益。不同的流通模式中的交易成本存在显著的差异性，总体来说，发生的交易费用由低到高依次为合作社、农技协、龙头企业、批发市场、经纪人和单个农户。（2）农户自身的特征对农户的农产品流通模式的选择具有显著影响，不仅农户特征的不同方面对流通模式的影响不同，而且农户特征对不同农产品流通模式的影响程度也不相同。（3）交易成本是影响农户农产品流通模式选择的主要因素，但对不同的农产品流通模式，信息成本、谈判成本、执行成本和运输成本表现出不同的影响力。第二，基于森的可行能力理论运用模糊数学评价法比较研究了不同农产品流通模式中农户的福利效应。研究结论表明：不同农产品流通模式中农户福利水平具有显著的差异。本书所考察的六类农产品流通模式中，农户总体福利水平处在三个显著不同的水平上："农户＋市场"和"农户＋龙头企业＋市场"的交易方式中的农户福利处于较低的水平上；"农户＋批发商＋市场"和"农户＋经纪人＋市场"的交易方式中的农户福利水平处于模糊的福利状态；而"农户＋合作社＋市场"和"农户＋农技协＋市场"的交易方式中的农户福利水平处在相对较高的福利水平上。

本书认为，特别关注"农超对接"这一新型农产品流通模式中合作社对农户的利益分配问题，有助于把握新型流通模式中农户的利益保障问题。研究结论表明：（1）合作社在管理制度方面的缺陷、其管理人员和普通社员自身素质不高和能力不足，以及部分管理部门对当前合作社的运行和管理情况监管薄弱是造成当前"农超对接"中合作社对农户利益返还不足的主要原因。（2）部分合作社在组织机构、运行机制上存在缺陷，导致了合作社普遍存在盈余分配不公开、不透明，盈余返还比例偏低，农民通过合作社参与"农超对接"以改善收入状况的效应十分有限。（3）合作社与合作社中企事业单位社员的利益协调和分配机制模糊不清，合作社中的企业社员控制合作社的情况比较突出。（4）不同类型的合作社在盈余返还机制和力度上存在较大差异，纯粹农民自发联合型合作社表现最好，其次为围绕个体经营户（大户）发育而成的合作社、围绕经纪人发育而成的合作社、以承包经营方式为主的合作社，而含有企事业单位成员的合作社表现最差。

本书认为，对世界上主要发达国家农产品流通现代化进程和特征的把握，有助于为我国农户更加高效融入农产品现代流通体系提供独特的参考价值。美国、日本和法国等主要发达国家的经验表明：持续增强政府在农产品流通扶持方面职能和作用、大力推动农产品流通的渠道和组织建设、重视农产品流通基础设施的投入和建设、鼓励和推动农产品流通新技术的推广与应用、重视对农产品流通人才的培养，有助于更好地推进农户融入现代化的农产品流通体系。

本书主要的创新点有：（1）研究视角的创新。本书采用两种不同的研究方法从交易费用和农户福利两个不同的角度对农产品流通模式开展研究，当前有关农产品流通渠道变革的研究主要以微观层面的研究为主，缺乏对农产品流通渠道变革宏观层面的量化研究，因此，本书在研究视角上具有一定新意。(2) 研究方法上的创新。本书采用实证研究的方法，采用宏观层面的时间序列数据研究外部环境因素对农产品流通渠道演进的影响，以及尝试基于森的可行能力理论构建了农户福利的模糊评价模型，并将其用于评价不同流通模式中农户的福利问题，在农产品流通研究领域的研究方法方面具有新意。(3) 研究内容上的创新。本书对不同农产品流通模式中的交易费用和农户福利进行比较研究，并对"农超对接"这一特定的农产品流通模式中合作社对农户盈余分配进行研究，在研究内容上具有一定新意。

　　本书在撰写过程中，参阅和借鉴了大量中外文的文献资料，均已在参考文献、脚注和尾注中一一列出，如有遗漏，敬请作者谅解并表示最诚挚的歉意。

　　由于作者学术水平和学识有限，本书难免存在一些缺陷和不足，敬请读者批评指正。

郑鹏

2016 年 12 月

目　录

第十章

第一章

绪　　论

一、研究的背景

（一）农产品流通的环境正在经历着前所未有的深刻而复杂的变化

1. 农产品流通的环境正在发生深刻的变化

经济的发展、城镇化和经济结构的调整在很大程度上改变了居民的消费方式、消费结构和消费观念。从消费方式来看，温饱型、大宗型消费正被享受型、营养型消费所取代；从消费结构来看，谷物类消费比重不断减少禽蛋、果蔬、奶制品等消费比重不断上升；从消费观念来看，多样化和追求食品安全的消费观念越来越成为农产品消费的常态。农产品流通环境的这些变化都深刻影响着农产品流通体系的变化。

2. 农产品的安全问题越来越受到重视

农产品的质量安全问题逐渐成为农产品生产、加工、流通领域的突出问题，受到各级政府部门、农产品（食品）从业者及消费者的广泛关注。在 2010 年"海南水胺硫磷有毒豇豆"事件中，广州、深圳、杭州等地也先后查出了来自海南含有高毒农药——水胺硫磷的毒豇豆[①]，重创了海南外销的豇豆市场，致使海南豇豆滞销，给当地农民带来了较大的损失。加强对农产品安全问题的监管必然要求整个农产品流通体系从生产者到消费者所有流通环节之间的相互协作，这对监督众多的小农户生产者的生产经营行为以保障农产品的质量安全提出了挑战。

3. 农产品流通领域的新技术的应用越来越广泛

农产品流通技术现代化不仅是农产品流通现代化的重要内容，也逐渐成为推进农产品流通现代化的重要手段。以自动识别技术中的条形码技术为例，条形码技术被广泛应用于农产品流通领域的实际使得农产品追溯体系建设、农产品供应链管理等农产品流通体系建设获得了巨大的发展机会。农产品流通新技术的应用促进了流通领域的自动化、信息化和农产品流通信息系统建设走向标准化，从而促进了农产品流通的现代化（李丽，2010）。

4. 农产品电子商务发展迅猛

随着网络技术的普及和物流体系的发展，农产品电子社区发展呈爆发式增长。截至 2016 年，我国农产品网络零售交易额达到 2200 亿元，增速超过 50%，其中生鲜农产品电商达到 1000 亿元，

---

① 中国食品网：http：//food. china. com. cn/2011 – 04/22/content_22419296. htm

增速达到80%；各类农产品电商园区约200家，占各类电商园区的12%（洪涛，2016）[1]。一些电子商务巨头如京东集团、阿里巴巴集团等第三方平台都针对农村开展了相关业务。

（二）农业生产和流通的组织化程度越来越被重视，但小农户的收益却没有获得预期的增长

农民合作经济组织在农业生产及农产品流通中发挥的作用和影响力越来越大。根据中国科学院农业政策研究中心2003年和2009年对全国380个村庄的调查发现，自2007年《中华人民共和国农民专业合作社法》（以下简称《合作社法》）颁布实施以来，农民专业合作经济组织快速增长，我国有农民专业合作经济组织的村所占的比例由1998年之前几乎为0上升到2008年约20.75%（如图1-1所示）（Deng, H. et al., 2010）。截至2016年第三季度，全国依法注册登记的农民专业合作社达171.3万家，各级示范社达到13.5万家，实有入社农户占全国农户总数的42%，全国有各类龙头企业达12.9万家，年销售收入超过1亿元的龙头企业近2万家，超过100亿元的龙头企业达到70家，农业产业化经营组织辐射带动农户1.26亿户，全国拥有专业服务公司、专业技术协会等经营性服务组织超过100万个（张红宇，2016）[2]，充分发挥着联结小农户与大市场对接的重任，带领广大农户融入现代农产品流通体系。

---

[1] http://www.360doc.com/content/17/0206/08/36222246_626830219.shtml
[2] http://www.cirs.tsinghua.edu.cn/zjsdnew/20161022/1986.html

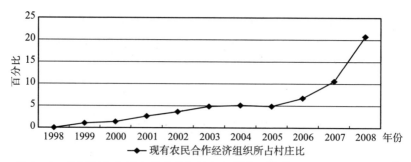

图 1 - 1　我国现有农民专业合作经济组织的村所占的比例：1998 ~ 2008①

　　虽然农民的组织化程度逐步提高，但小农户在其中仍处于不利地位且缺乏议价能力，他们从中所获取的收益依然没有达到他们的预期。以"农超对接"为例，尽管有相当数量的农户加入了合作社，并间接参与了"农超对接"。但由于受主观文化水平所限，或客观无法进入合作社的领导人集体，绝大多数的合作社普通社员被排斥在合作社的核心决策层之外，对合作社运行机制、决策制度、盈余分配等知之甚少，使得许多参与"农超对接"的合作社社员抱怨没有赚到钱（刘晓峰，2011）。这也使得相当数量的合作社社员对"农超对接"的作用产生了怀疑，极大地降低了"农超对接"的政策效果。由此反映出在农户组织化提高的背景下，小农户的利益被蚕食的情况较为普遍，需要强化在农业生产和流通中对小农户利益的保障制度建设。

（三）"农超对接"和可追溯的农产品流通等新的农产品流通方式快速发展

　　2008 年以来，基于减少中间环节和提升农产品流通效益和效率

---

　　① 资料来源：根据 Deng, H. et al. 于 2010 年所发表的文章 Policy support and emer-ging farmer professional cooperatives in rural China 整理。

的考虑，"农超对接"已成为政府高层基于微观层面推进农产品流通现代化的一项主要举措。"农超对接"实施以来，各地积极帮助农民专业合作社与大型连锁超市搭建对接平台，已举办农产品展示展销会、洽谈会 5000 余场次；开展农民技术培训 100 万人次，努力提高农民的种养技术水平和农产品档次，增强合作社的产品质量安全和品牌意识。截至 2009 年年底，全国已有 28 个省（区、市）开展了"农超对接"工作，涉及蔬菜、粮油、畜禽产品、生鲜果品、茶叶、水产、食用菌、特色养殖等 10 多类农产品，直接帮扶 2000 多家农民专业合作社与超市实现"农超对接"，带动 1.1 万家农民专业合作社与超市建立了产销关系（韩长赋，2010）。通过推进"农超对接"等工作，农产品经超市销售的比重由"十一五"初期的 15% 提高到 20%，大中型超市生鲜农产品直供直销的比重达 30%，连锁超市通过"农超对接"使得流通成本平均降低了15% 左右（李予阳，2010）。

可追溯的农产品流通技术作为解决农产品质量安全的有效尝试越来越被广泛应用于现代农产品流通体系中。2011 年 1 月财政部和商务部联合下发了《关于 2011 年开展肉菜流通可追溯体系建设试点有关问题的通知》（以下简称《通知》），《通知》要求在试点城市建立覆盖全部大型批发市场、大中型连锁超市和机械化定点屠宰厂，以及不少于 50% 的标准化菜市场和部分团体消费单位的肉类蔬菜流通追溯体系。利用现代信息技术建立来源可追溯、去向可查证、责任可追究的质量安全追溯链条，从而提高生产经营主体安全责任意识，强化流通环节质量安全把关能力，促进农产品流通发展方式转变，从源头上提升质量安全水平，营造安全放心的消费环境。

（四）小农户的广泛存在且分散逐渐成为实现农产品流通现代化的主要障碍

我国的农业及流通现代化面临着城乡二元经济结构及坚持农村基本经营制度两大基本现实。坚持以家庭承包经营为基础、统分结合的双层经营体制的农村基本经营制度也就意味着农业现代化进程必须要确保家庭经营的主体地位，而单纯以家庭为主体的小规模经营与实现农业现代化和农产品流通现代化的矛盾突出。虽然伴随着中国逐步推进的城市化，大量的农村劳动力向城镇转移，但在当前城市化率还不到50%情况下，盲目的推动农业的公司化和农场化经营而摒弃家庭经营的主体地位并不是良善之策，中国的农业现代化必须要保证家庭在农业现代化过程中的主体经营地位。在有条件的地方可以发展一些专业大户、家庭农场及农民专业合作社等多种形式的一些适度规模经营的新的经营方式。但是现阶段在发展新的经营方式的过程中要防止工商企业长时间大面积的去兼并农民的土地而使得农业丧失以家庭为单位的基本经营制度（国务院发展研究中心课题组，2010）。

农业是监督成本很高的一个产业，历史上人民公社失败的一个重要原因就是农业生产经营者之间高昂的监督成本，而以家庭承包为单位的生产经营体制的监督成本几乎是零，夫妻之间不需要互相监督，父子之间也基本上不需要互相监督。尽管不排除有一些是公司化的经营，但在当前中国农业发展的阶段，保持农业家庭经营的主体地位是符合现代中国农业生产实际的（如大量的农业劳动者、土地的细碎化等）。然而，以家庭经营为主体的小规模农业生产与现代化农业的矛盾非常突出，有研究表明，长期以来我国农户户均耕地不足0.8公顷，且有逐年下降和细碎化趋势（Deng

H、Huang J & Xu Z et al.，2010)[1]。

我国农户户均耕地演变如图1－2所示：

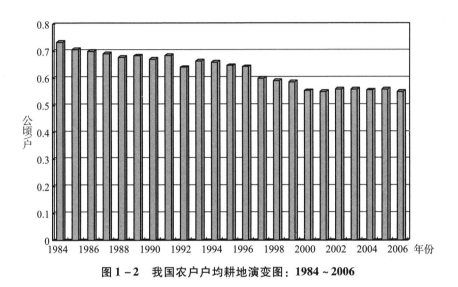

图1－2　我国农户户均耕地演变图：1984～2006

而国际上发达国家和地区农业现代化的经验表明，单个小农户各自为战的现状很难担负起实现我国农业现代化及农产品流通现代化的重任。大量研究表明，小农户被排斥在现代化的农产品流通渠道之外的风险正在逐步增加（Bignebat et al.，2009；Louw et al.，2009）：小农户自身的资源禀赋和能力很可能难以满足现代化的农产品流通渠道对其所提出的要求；小农户（特别是中国的小农户）自身具有鲜明的"生产＋销售"的特征，这无法满足农产品现代化的流通体系对农业生产和流通强化分工以提升整个农产品流通绩效的要求。因而，我国广泛存在着规模过小农户及小农户之间联合的体制机制不顺的现实与农业现代化及农产品流通现代化矛盾突出。

① Deng H、Huang J & Xu Z et al. Policy support and emerging farmer professional cooperatives in rural China［J］. China Economic Review，2010，21（4）：495－507.

二、研究的目的与意义

（一）研究的目的

（1）以家庭经营为主体的小规模经营和农业现代化的矛盾亟须研究与农业现代化及农产品流通现代化发展要求的农户与市场的联结模式。

具有中国特色的农业及农产品流通现代化要求必须在保持家庭经营的基础上探寻与之相适应的小农户现代化的路径。在实现农产品流通现代化的进程中必须保障小农户的基本利益，没有农户参与或损害农户利益的农产品现代流通体系并不是真正意义上农产品流通现代化。

我国建立现代化农产品流通体系的长期实践及国际上发达国家和地区的农产品流通现代化实践为小农户的现代化提供了可供选择的机会。具有传统色彩的农产品流通中间商（批发商、零售商、经纪人等）虽然保护了小生产者遭受现代流通渠道的冲击，但也一定程度上阻断了小农户现代化的路径。契约交易色彩浓厚的"公司+农户"模式虽然能降低农户进入市场的风险，但由于其较高的违约风险使得这种模式能否承担小农户现代化的重任备受争议。合作色彩浓厚的农民专业合作经济组织（主要是农村专业技术协会和农民专业合作社）虽能提升农户的凝聚力，但由于其组织松散、整体素质不高等原因也使得这种模式能否肩负小农户现代化的重任仍无定论。

系统研究以上几种小农户进入市场的模式，以探求既能符合小农户自身利益，又能促进我国农产品流通现代化的重任的市场进入路径便成为本书重点关注的内容。根据新制度经济学的路径依赖理论，任何事物的路径选择均依赖于该事物过去所走的路径和当前所处的状态和环境。因此，本书将在充分考虑小农户的基本特点和当前所存在的小农户进入市场通路的基础上，探究基于农户视角的农产品流通的模式问题。

（2）基于农户视角的农产品流通的模式问题不仅是实现中国特色农产品流通现代化的关键问题和核心环节，也是保障弱势小农户在现代化的农产品流通体系中基本利益的重要课题。

小农户如何和大市场对接，即小农户融入现代化流通体系的路径问题直接关系到农产品流通现代化的实现。大量分散而又弱势的小农户是实现我国农产品流通现代化的最大现实，迫切需要寻求能保障小农户基本利益的新的农产品流通模式和体系。尽管在某个地区存在着占据主导地位的农产品流通模式，但从全国范围来看，多种农产品流通方式（模式）在很长一段时期还将长期并存，这也是当前我国农产品流通的基本现实。因此，小农户的流通现代化的路径选择问题实际上就是数量众多的小农户如何完成融入现代化流通体系的问题，这一问题的解决将会促进农产品流通现代化的最终实现。

如何保障小农户的基本利益成为现代化的农产品流通体系的重要挑战。小农户融入现代化流通体系的路径必须有效保障小农户的基本利益。作为弱势的小农户，其诉求很容易在农产品流通现代化的过程中被忽视。如何在探索农产品流通现代化进程中保障小农户基本利益的路径是本书研究的重要目的。

（3）基于农户视角的农产品流通模式中的一些现实问题（如小农户与大市场究竟应以何种方式连接、何种连接方式既能节约交易成本又能保障农户福利等问题）亟待开展深入而系统的研究。

尽管当前存在着众多的小农户与大市场联结的模式，而且在政府政策推动和农户自主选择的作用下，小农户自觉和不自觉地开展了一些融入现代化农产品流通体系的尝试，如小农户通过合作社与现代零售业态对接的"农超对接"模式及部分地区农户所开展的农产品质量可追溯体系建设等。然而"小生产"与"大市场"对接所存在的问题并未从根本上得以改变，绝大多数的农民仍然是以无序、自发、分散的方式参与农产品流通，自身弱势的地位并未从整体上得以改观，农产品流通系统的低效率、低效益的状况也没有从整体上根本改善。

如何使"小农户"和"大市场"联结的更有效率（联结模式及其绩效问题）？如何保障小农户在其选择与大市场联结模式中的基本利益（节约交易成本和保障农户福利的问题）？何种模式更有利于促进整个农产品流通现代化的进程（联结模式与整个农产品流通系统的协调共融问题）？等问题亟待开展深入而系统的研究。本书试图在这些方面作出探索性研究，以期能够回答上述理论与实践问题。

（二）理论意义与实践意义

（1）本书拟构建具有中国特色的小农户实现农产品流通现代化路径选择的理论框架，有助于丰富农产品流通现代化的理论。

小农户实现农产品流通现代化路径选择的理论框架是农产品流通现代化的整体理论框架的重要组成部分。本书基于我国小农户参与农产品流通的现实构建了小农户实现农产品流通现代化的路径选择的理论框架，并从交易费用和农户福利角度分别展开分析，并基于分析结论演绎出了小农户实现农产品流通现代化的现实路径。本书力图立足于我国农产品流通的现实情况，构建一个具有中国特色的小农户实现农产品流通现代化路径选择的理论框架。这对于丰富具有中国特色的农产品流通现代化理论，具有重要的理论价值。

（2）本书重点关注的基于农户视角的农产品流通模式中的交易成本和农户福利问题，这对保障小农户在农产品流通现代化进程中的利益诉求具有重大的理论和实践意义。

小农户在实现农产品流通现代化进程中的路径选择的依据是确保农产品流通现代化能否顺利实现的关键。显然，作为农产品流通的重要参与主体，其自身的利益保障是重要考虑的因素。依据小农户在融入现代化流通体系中的交易成本和农户福利而勾勒出的路径显然具有理论和现实的合理性。因此，本书重点关注的农产品流通中的小农户的交易成本和农户福利对于保障小农户在农产品流通现代化进程中的利益诉求、推动农产品流通现代化的最终实现具有重大的理论和实践意义。

（3）本书为解决我国农产品流通现代化进程中小农户与大市场对接的现实问题提供了可操作性建议。

小农户与大市场对接的问题是困扰当前我国农产品流通的现实问题。在农产品流通现代化中，运用什么样的组织形式和运行机制能有效地解决"小农户"与"大市场"矛盾问题。面对这些农产品流通现代化过程中的具体问题，本书将进行深入而系统的研究，并提供具体的可操作性的政策建议。

三、重要概念界定

（一）农户

本书所研究的农户是指直接从事农业生产并以农业生产为主的

小规模农业生产者和农业生产大户，但不包括各种形式的农场。需要指出的是，这里所说的"农业生产"既包含种植业，也包含养殖业。

（二）交易成本

交易成本这一概念的提出是对新古典经济学前提假设的反思和质疑，交易成本理论是新制度经济学的重要理论。科斯认为交易活动会产生一定的费用，这种费用是为维护交易各方权益而必须支付的，而且普遍存在于交易活动中，这种费用就被称为交易成本，主要包括搜寻信息的成本、交易中的谈判成本、契约监督成本和契约的维护成本（科斯，1994）。循着科斯的思路，威廉姆森进一步拓展了交易成本的概念，建立了一个多维度的交易成本概念，并认为在合同的履行过程中由于合同的不完全而存在寻租的空间，导致资产专用型、有限理性和机会主义共同作用于交易成本（威廉姆森，1985）。交易成本一般可以划分为"市场型交易成本""管理型交易成本"和"政治型交易成本"（张静，2009）。本书关注的是"市场型交易成本"，即在农产品交易过程中所发生的交易成本，并把交易成本分解为信息成本、谈判成本、执行成本和运输成本。

（三）农户福利

福利（welfare）是福利经济学中的重要概念，古典及新古典经济学家一般把福利界定为效用，而效用又通常被界定为主观的快乐或满足。由于效用的界定困难，很多学者用收入来近似代替效用。但仅用收入来代替效用或福利，不能全面反映效用或福利的本质。鉴于福利评价的缺陷，本书对福利的评价来源于森的可行能力理论。森的可行能力理论把福利分解为一些功能性的活动，用功能性的活动来刻画福利。因此，本书在森的可行能力框架下界定农户福利。界定的具体方法将在本书的第七章中详细论述。

四、研究框架、拟解决的关键问题与技术路线

（一）研究框架与研究内容

本书构建了一个基于农户视角的农产品流通模式选择的理论框架并采用调查数据进行了实证研究，研究框架和主要研究内容如下：

第一章，绪论。本章主要报告本书研究的背景、研究目的，以及研究理论与实践意义；本书的重要概念界定；本书的研究框架与主要内容、技术路线及拟解决的关键问题；本书主要采用的研究方法；可能的创新点与本书的不足等。

第二章，文献综述与理论基础。本章就农产品流通的国内外研究动态进行了系统梳理并进行了简要评述；系统介绍了本书的理论基础，如流通理论、交易成本理论和森的可行能力理论等。

第三章，我国农产品流通渠道演进的体制与体系演绎。本章系统梳理了粮棉等大宗农产品、果蔬、肉禽蛋类农产品流通体制的历史演进过程，并对我国农产品流通体系的历史演变过程、现状特征，以及未来发展方向作了系统论述。

第四章，基于环境角度考察我国农产品流通渠道演进的趋势及影响其演进的外生环境因素。本章从宏观环境层面，基于农产品流通渠道演进的外生视角构建了一个理论模型，并利用1981～2014年的时间序列数据实证研究了农产品流通渠道长度的演进规律，以

及影响其演进的外生环境因素。农产品流通渠道长度的演变呈现出明显的阶段性特征，表现为渠道长度先变长再变短的"倒 U 型"演变趋势；居民食品消费支出、消费者延拓性、交通基础设施，以及农产品流通政策的市场化导向对农产品流通渠道的长度具有显著的负效应，而居民的老龄化程度对农产品流通渠道的长度却表现出显著的正效应；城市化水平和居民的教育程度对农产品流通渠道的长度没有显著影响；鉴于各环境变量对农产品流通渠道变革作用方向和影响程度的差异性，未来农产品流通渠道变革的演进还将呈现出一定程度的波动特征。

第五章，基于农户视角的农产品流通模式选择的理论分析框架构建。本章首先从模式及流通模式的内涵出发，界定了基于农户视角的农产品流通模式的内涵，进而归纳了"农户+市场""农户+经纪人+市场""规模农户+市场""农户+批发商+市场""农户+合作经济组织+市场""农户+龙头企业+市场"，以及"农超对接"、农产品期货市场、农产品拍卖市场、农产品电子商务市场等主要农产品流通模式的类型与特点。在此基础上，本章提出了基于农户视角的农产品流通模式选择的依据与原则，并归纳出基于农户视角农产品流通模式的路径选择：主体选择内推路径（农户的自组织化探索）、主体选择与政策相互作用的路径（农户自我选择与政府规制的联合作用）、政策规制外推路径（农户与资本色彩浓厚的市场流通主体的合作），以及缩短流通环节的新路径（农户与现代零售企业及消费者直接对接）等四条路径，从而构建了基于农户视角的农产品流通模式选择的理论分析框架。

第六章，基于农户视角的不同农产品流通模式的交易成本考察。本章利用位于东中西部鄂赣川渝鲁五省市农户调查的数据资料，基于农户视角，在交易成本理论的分析框架下，采用 Multinomial Logit 模型研究了"农户+市场""农户+批发商+市场""农户＋龙头企业＋市场""农户＋合作经济组织＋市场""农户＋经纪人＋市场"等农产品流通模式中的交易成本问题。本章还采用多元回归模型考察了交易成本对不同农产品流通模式中农户绩效的影响。

第七章，基于农户视角的不同农产品流通模式中农户福利的模糊评价。本章利用鄂赣川渝鲁五省市农户调查的数据资料，从农户福利角度，利用基于森的可行能力理论所构建的农户福利模糊评价的实证框架，评价和比较了不同农产品流通模式中的农户福利。

第八章，基于利益分配视角分析了"农超对接"这一特殊的农产品流通模式中的盈余分配问题。本章首先基于合作社领导人（主导人）的组成结构特点，把合作社划分为几种不同的类型，然后基于鄂川渝湘陕五省市参与"农超对接"合作社的财务报表数据、合作社理事长的访谈数据，以及普通社员的访谈数据资料，实证分析了合作社在"农超对接"中的盈余获取及对农户利益分配方面存在的问题，进而检验了几种不同类型的合作社在对农户盈余分配上存在的差异，并基于研究结论对合作社在参与"农超对接"中盈余分配的规制措施提出了政策建议。

第九章，主要发达国家农业现代化进程中农产品流通模式的比较与经验借鉴。通过系统梳理美国、日本和法国农产品流通现代化的背景、进程、现状与特点，并比较了这些主要发达国家农业现代化进程中农产品流通现代化模式，总结其经验和做法。

第十章，研究结论与政策建议。

（二）拟解决的关键问题

（1）我国主要农产品流通体制的历史演进过程及农产品流通体系的历史演变、现状特征以及未来方向分析。粮棉等大宗农产品、果蔬等生鲜农产品，以及肉禽蛋类农产品流通体制是怎样的一个历史演进过程？我国的农产品流通体系又呈现出怎样的演进轨迹？呈现出怎样的特征？什么样的农产品流通体系才是我国农产品流通的未来发展方向？现代化的农产品流通体系具有怎样的特征？这些问题将通过对文献资料的梳理，采用定性的文献研究法给出答案。

（2）基于农户视角农产品流通模式的理论分析框架如何构建？基于农户视角的农产品流通模式的内涵和特点是什么？有哪几种主要的类型？基于农户视角农产品流通模式选择的依据和原则是什么？具体的路径是什么？针对这些问题，本书采用定性研究来回答。

（3）在农产品流通外部环境激烈变化的大背景下，农产品流通渠道呈现出什么样的变化特征？如何识别哪些环境因素在影响着农产品流通渠道的变革？这些环境因素对农产品流通渠道变革的影响方向和影响程度有何不同？该如何从环境角度探索构建更加高效的农产品流通政策设计与制度安排？

（4）交易成本是如何影响农户农产品流通模式选择的？交易成本的不同维度对农户对农产品流通模式选择的影响是否具有差异？交易成本对不同农产品流通模式中农户的绩效有何影响？这种影响是否具有差异？本书利用调查数据，基于交易成本理论采用 Multinomial Logit 模型验证交易成本对农户流通模式选择的影响；采用多元回归模型验证交易成本对不同流通模式中农户福利的影响。

（5）不同农产品流通模式中农户福利是否存在差异？这几种农产品流通模式中的农户福利呈现出怎样的格局？本书基于森的可行能力理论构建农户福利的模糊评价模型，利用这个模糊评价模型来评价和比较不同农产品流通模式中农户福利的差异性。

（6）"农超对接"这一特定农产品流通模式中合作社与农户的利益分配呈现出怎样的关系？利益分配的格局是否符合农户的利

益？是否有利于该流通模式的健康发展？本书通过鄂川渝湘陕五省市参与"农超对接"合作社的财务报表数据、合作社理事长的访谈数据，以及普通社员的访谈数据资料，实证分析了"农超对接"流通中合作社与农户的利益分配问题。

（7）主要发达国家农产品流通现代化进程呈现出怎样的发展路径？具有什么特点？在农产品流通模式现代化过程中，农户是如何保持较好的融入通道，并实现保障农户利益不损失和农业现代化的双重任务的？对我国农户融入农产品流通通路的实践有何借鉴和参考意义？

（三）技术路线

本书的技术路线如图 1 - 3 所示：

五、主要研究方法

（一）调查研究法

本书以地处东中西部地区的湖北省、江西省、四川省、重庆市及山东省部分县市作为研究对象，我们前后分 6 次对该地区进行了大规模调查。2009 年 3～5 月我们首先对湖北和江西的部分县市开展了调研，2010 年 4～6 月对四川和重庆地区的部分县市开展调研，2011 年 4～5 月对山东省寿光县实施调研。在调研的过程中，我们还对这些地区的农产品流通中介组织及农产品流通经纪人开展了访谈，要求调查员随时记录调查中出现的新情况。

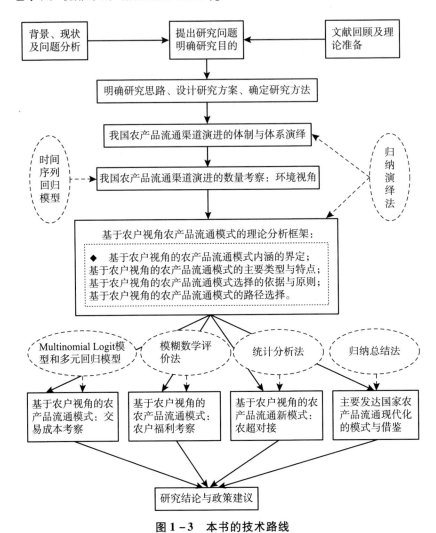

图 1－3　本书的技术路线

此外，笔者还利用"2008 年百名博士广西暑期社会实践"的机会，赴广西壮族自治区平果县，就当地的农产品流通情况向当地的农业主管官员、农产品流通组织的负责人，以及普通农户进行了为期一周的详细调研；2009 年 12 月～2010 年 5 月，我们还走访调查了四川、重庆、湖北及湖南四省市 52 家合作社参与"农超对接"的情况，访谈了 52 家合作社的主要领导人及 520 户合作社社员。

为了解连锁超市对"农超对接"的看法，我们还特别对家乐福成都、重庆、武汉生鲜直采经理进行了深度访谈。

（二）比较研究法

本书采用比较研究的方法，比较研究了交易成本对不同的农产品流通模式及农户绩效的影响，并在森的可行能力理论框架中比较了不同农产品流通模式中农户福利的差异。本书还特别比较研究了"农超对接"这一特定的农产品流通模式中不同类型合作社对农户盈余分配的差异。

（三）定量研究法

定量研究是本书所采用的主要方法。一是采用 Multinomial Logit 模型实证研究了不同农产品流通模式中的交易成本问题；二是采用对数形式的多元回归模型实证研究了农产品流通渠道长度的演进规律及影响其演进的外生环境因素。三是采用多元回归模型实证研究了不同农产品流通模式中交易成本对农户绩效的影响；四是采用模糊数学法评价了农户在不同交农产品流通模式中的农户福利问题。

六、可能的创新点与不足

（一）本书的创新点

（1）在研究视角上具有一定的新意。之前学者对农产品流通模式的研究大多是从一个视角开展研究，本书采用两种不同的研究方法从交易成本和农户福利两个不同的角度对农产品流通模式开展研究，在研究视角上具有新意。

（2）在研究方法上具有一定的创新。本书采用实证研究的方法，特别是基于森的可行能力理论构建了农户福利的模糊评价模型，并将其用于评价不同流通模式中农户的福利问题，在农产品流通研究领域具有新意。

（3）在研究内容上具有一定的创新。本书对不同农产品流通模式中的交易成本和农户福利进行比较研究，以及针对"农超对接"这一特定的农产品流通模式中合作社对农户盈余分配的研究，在研究内容上具有一定新意。

（二）本书的不足

本书虽然力求在中国特色农产品流通现代化进程中农户流通现代化的路径选择的研究方面有所突破，但由于所研究问题的复杂性和笔者研究能力所限，本书至少存在以下几个方面的不足：

（1）相对于农产品流通的整个体系而言，本书所涉及的研究内容范围较窄。农产品流通模式是一个非常深奥和复杂的理论和实践问题，所涵盖的内容和所需研究的问题非常之多，而本书仅从农户这一农产品流通的终端主体开展研究，较少涉及农产品流通的其他主体；而对农户这一终端流通主体的研究也仅从交易费用、农户福利及"农超对接"等几个角度展开，较少关注其他方面的内容。因此，在研究视角上还需进一步拓展到农产品流通模式的其他主体。

（2）研究方法上也存在一定的局限。对农户福利的评价，本书是基于森的可行能力理论构建了一个福利评价模型，并采用模糊数学进行的评价。由于森的可行能力理论具有非常丰富的内容，该理论评价模型不同于以往任何基于传统福利经济学理论所构建的福利评价模型，因此该理论模型的有效性还需在以后的研究中进一步验证。

（3）研究视角还需进一步宏观化。农产品流通现代化及其路径问题本身就要求具有一定的宏观研究视野，而本书更多的则是从农户这一微观层面展开的。本书对农产品流通模式类型的划分和界定仅仅是基于农户视角，基于这种划分所得出的研究结论不一定适合基于其他农产品流通主体对农产品流通模式的划分，在研究结论上具有一定的局限性。

第二章

文献综述与理论基础

一、农产品流通的国内外研究动态

（一）国外农产品流通的研究现状

国外学者对农产品流通问题的研究主要是从农产品营销渠道（孙剑，李崇光，2003）、农产品供应链，以及农产品物流角度展开的。国外学者对农产品流通内涵的认识存在一定的差异：如日本农产品流通业非常发达，日本学者对农产品流通问题的研究也比较系统和深入，但日本学者对农产品流通内涵的界定与农产品营销渠道的定义几乎没有区别；而西方学者更多的则是从农产品供应链（agricultural product supply chain）和农产品物流（agricultural product logistic）角度来研究农产品的流通问题。事实上，国外学者对农产品流通问题的研究无论从内容上，还是从视角上都已经比较成熟，只不过国外学者主要是基于农产品营销渠道（agricultural product marketing channel）、农产品物流和农产品供应链管理等方面开展的对农产品流通问题的研究。因此，本章将试图从农产品营销渠道、农产品物流和农产品供应链管理、农产品流通体制与政策的角度归纳国外关于农产品流通研究的相关成果。

（1）基于农产品营销渠道视角的农产品流通问题研究脉络。

早期注重对农产品配销通路效益和效率的研究。韦尔德（Weld，1916）是农产品营销渠道研究的开拓者，他率先研究了农产品流通中的流通效率和效益问题，开创性的提出通过提高农产品流通中间商的分工和专业化有利于农产品营销渠道效率和效益提高的观点。布莱耶（Breyer，1924）吸收了心理学和社会心理学的观点，基于整体营销渠道视角提出了一种系统导向的方法来描述和量化渠道管理，从而助力渠道管理控制和提高效率。安德森（Alderson，1957）则认为经济效率标准是影响渠道设计和演进的主要因素。早期的研究者通常较为关心整个农产品营销渠道系统的效率和效益问题（而且通常是经济效益），因此对农产品营销渠道成本问题、渠道中间商的职能问题的研究较为深入，而对营销渠道系统中的生产者和消费者的关注较少。这一时期对农产品营销渠道的研究通常被称为农产品营销渠道研究的结构范式（李崇光等，2011）。

而后开始关注对农产品营销渠道成员之间的行为和关系的研究。进入 20 世纪 60 年代，农产品营销渠道成员之间的行为和关系逐渐成为研究的热点问题。斯特恩（Stern，1969）是早期对农产品营销渠道成员的行为和关系进行研究的学者，他认为由于分工和专业化，渠道成员之间彼此依赖和合作，承诺是他们调节彼此之间行为和关系的关键因素。海德（Heide，1992）研究了渠道成员之间建立联盟关系对维持渠道关系的重要性，他还特别指出通过对关系专用性的投资能够提升整个渠道系统的绩效；此外他还开创性的研究了农产品渠道中的冲突问题。罗斯和肯汉姆（Rose & Shoham，2004）则把渠道冲突分解为情感冲突和任务冲突两类，而这两类冲突均会影响渠道整体绩效的提升。随着渠道系统环境的变化，渠道成员之间加强合作和结成联盟越来越为人们所重视。因此，对渠道成员之间行为和关系的研究逐渐成为营销渠道研究的一个重要领域。而这一时期对农产品营销渠道的研究通常被称为农产品营销渠道研究的行为和关系范式。

近年来农产品营销渠道一体化逐渐成为研究的重点。科尔斯（Kohls，1940）首先研究了农产品流通渠道纵向一体化的潜在优势，同时指出一体化也带来了相应的管理和协调问题。安德森（W. Alderson，1957）、斯特恩（Stern，1969）、麦克姆（McCmmon，1970）、艾伯纳西（Abernathy，1978）则认为，纵向一体化要建立在渠道权力水平差异大、相互依赖关系紧密的基础上，渠道机构内部的利益和权力的失衡，会导致新型的流通渠道产生。农产品营销渠道的一体化是农产品渠道成员关系深化的表现形式，这一时期对农产品营销渠道的研究可以看作是农产品营销渠道行为范式和关系范式的相互融合。

（2）基于农产品供应链管理和农产品物流视角的农产品流通问题研究脉络。20世纪90年代末，对农产品供应链管理和物流管理的研究逐渐成为研究热点（朱自平，2008）。奥登等（M. den Ouden et al.，1996）率先提出了农产品供应链的概念，并认为农产品供应链是农产品流通组织为了提升整体农产品流通系统绩效而实施的垂直一体化协调模式。里尔登和贝德格（T. Reardon & J. A. Berdegue，2002）和格西等（G. Ghezan et al.，2002）比较研究了阿根廷超市和生鲜供应链后认为生鲜超市的发展壮大会排挤批发市场和小农户的生存空间，进而得出了超市会成为生鲜农产品流通主渠道的结论。简·科林斯（Jane L. Collins，2005）则采用"商品链"（Commodity Chain）方法研究了农产品从生产者到消费者整个链条中各个环节之间的关系。

（3）基于"小农户"与"大市场"联结模式视角的农产品流通问题的研究脉络。弗兰克和亨德森（Frank. S. D & Henderson. D. R.，1992）对美国食品行业进行了实证研究，认为交易成本是影响美国食品行业垂直协作的决定因素，而市场价格的不确定性、投入品供应者的集中程度、资产专用性和规模经济是影响交易成本的主要原因。霍布斯（Hobbs，1997）基于调查数据资料，从交易费用角度研究了英国肉牛养殖户在活体拍卖肉牛和出售给肉类加工企业两种不同市场选择的方式，研究结论显示，不同的交易费用维度对农户交易方式的选择具有不同的影响。马丁内斯（Martinez，1999；2002）从资产专用性、不确定性等维度研究了火鸡、鸡蛋，以及猪肉等产品在农产品流通中的渠道成员垂直协作问题，并认为交易费用是造成几种农产品垂直连接模式差异的主要原因。卢（Lu，2006）通过对中国南京番茄种植户的调查数据，研究了交易费用在农户直接销售给菜贩、通过当地农贸市场销售，以及超市通过批发市场采购中的影响，研究发现，交易费用在短期市场直接出售最高。安德鲁·谢菲尔德（Andrew W. Shepherd，2007）把农户联结市场的模式划分为"农户＋国内贸易商"、"农户＋零售商"、"农户＋龙头企业"、"农户＋合作组织"、"农户＋食品分销商"、"农户＋外贸商"契约农业等几种，并详细讨论了这几种模式成功的影响因素，交通、信任、包装、认证、基础设施投资、契约的灵活性、交易费用、及时性、农户规模等都是造成农户选择不同市场进入方式的因素。席琳·比涅巴等（Celine Bignebat et al.，2008）采用2007年的调查数据，从农户和中间商两个层面研究了农户参与农产品流通的情况，研究结果表明，由于中间商对农产品流通系统的垄断，农户只关注与其交易的一级中间商，并不在意最终购买者，因此农户也缺乏主动改进农产品质量、包装等满足终端消费者需求的动力，这与农户在农产品直接和超市对接的流通渠道中的表现明显不同。

（4）基于合作经济组织参与农产品流通系统的农产品流通问题的研究脉络。吉姆·宾根等（Jim Bingen et al.，2003）基于政治经济学的研究框架，从人力资本的视角研究了合作经济组织在农户连接市场中的作用，研究发现，农业投资、契约、技术等因素影响了合作经济组的人力资本，进而影响了农户通过合作经济组进入市场的不同方式。阿图尔·格里戈良（Artur Grigoryan，2007）基于调查数据详细研究了牛奶生产户通过合作社进入市场的行为，通过对合作社社员和非社员的牛奶通过合作社进入市场的比例、获利等方面比较分析，认为合作社的参与显著提升了整个牛奶的产业链价值。瓦连京诺夫（V. Valentinov，2007）研究了合作经济组织中交易费用的问题，作者通过发展的理论模型研究后，认为合作经济组织有助于克服单个农户的缺陷并节约交易费用。乔恩·赫林等（Jon Hellin et al.，2009）对墨西哥和美国中部的合作经济组织参与农产品流通系统进行了研究，研究发现，合作社经济组织在进入市场具有较高交易费用的蔬菜行业能够带来显著的利益，特别是农户通过合作经济组织直接进入超市获利更明显；进一步的分析却发现，由于合作经济组织缺乏商业技能等原因，这两地的合作经济组织的作用非常有限。海伦·马尔克洛夫和埃丝特·姆旺吉（Helen Markelova & Esther Mwangi，2010）以非洲为研究对象，重点考察了农户在市场准入中的合作行为，特别考察了制度安排和外部环境对农户合作行为的影响。保罗·莫斯特等（Paule Moustier et al.，2010）考察了越南农民合作社在连接农户和超市中所承担的角色，作者通过对8个参与超市蔬菜供应的农民合作社的调研研究后认为，农民合作社在提高和控制农产品质量、提升农民收益都具有较大作用，但却由于受超市蔬菜供应量的限制而获利有限。

（二）国内农产品流通的研究现状

（1）农产品流通的内涵及其在国民经济中的地位研究。马克思认为："流通本身只是交换的一定要素，或者是从交换总体上看的交换"。说明流通是交换行为的总和。我国著名经济学家孙治方（1981）指出"流通是社会产品从生产领域进入消费领域所经过的全部过程"。马龙龙（2006）认为流通是"经济性的转移"和"社会性的转移"。"流通是生产与消费的中间环节"是这些学者的一致观点。关于流通地位，马克思也认为流通是商品生产的前提条件、引导生产并促进社会进步。这说明流通不仅仅影响生产和消费，而且决定生产和消费的效率和效果。农产品流通对农产品供求平衡、价格形成、指导农业生产和增加农民收入具有十分重要的作用，特别对解决小生产，大市场的矛盾起到不可替代的作用（武云亮，2008）。我国大部分的学者都认可"流通是生产与消费的中间环节"这一观点。

（2）农产品流通效率方面的研究。

①农产品流通效率的内涵研究。随着我国社会经济全面发展，多数农产品已经从数量不足发展为全面过剩，消费者开始追求产品高质量和品种多样化，流通环节在农业产业链条中的地位越来越重要，流通效率成为流通研究的重要课题（卢凌霄、周运恒，2008）。周兆生（1999）分析论证了流通型农业合作社的交易效率优势。罗必良等（2000）从组织制度的角度分析农产品流通，认为农产品特性决定高效率的流通组织必然应该具有良好的灵活性和多样性。李春海（2005）分析了制约农产品流通效率的制度因素，提出以市场机制引导分工，确认比较优势并加以利用，是提高农业整体竞争力的有效途径和参与国际竞争的根本。柯柄生（2003）提出，可以从

建设市场设施、改善市场服务、完善市场政策、健全市场组织方面提升效率。宋则（2003）指出，流通效能的本质从时间上看是"减少耽搁和停顿"，从空间上看则是"优化资源配置"，认为减少库存量是流通业变化中重要的可行战略。许文富（1992）归纳总结已有研究认为，流通效率一般可以分为两种类型，一种为技术效率（technical efficiency），也称为营运效率（operational efficiency），另一种是定价效率（pricing efficiency），也称为经济效率（economic efficiency），他的这种分解法为农产品流通效率的度量提供了一个可行性的分析框架。王娜和张磊（2016）则认为对蔬菜流通效率的评价，应该分别从具体农产品的收购、批发、零售等环节，分别测算各环节的流通效率评价指标，而后综合进行测算。

②农产品流通效率的评价理论与实证研究。许文富等（1990）曾利用市场结构、行为、绩效理论等对农产品市场流通的绩效指标及衡量方法进行了深入研讨，并提出了农产品市场绩效的衡量方法。许文富等（1984）实证分析了我国台湾主要蔬菜的流通环节价差和成本。游振铭（1993）通过对台湾地区农户、批发商、零售商、配送中心的调查，分析了台湾地区主要城市的蔬菜流通渠道，认为流通费用会随着流通层次的减少而降低。万钟汶等（1996）分析了不完全竞争条件下蔬菜的运销价差结构。喻闻等（1998）用相关系数法和协整检验对 1988～1995 年全国 22 个省区大米市场的平均价格进行研究，研究结果表明，中国大米市场的整合程度在不断提高，到 1994～1995 年已经达到相当高的水平。武拉平（2002）综合使用单一价格法、协整检验、葛兰杰因果关系检验法、市场联系指数（MCI）对小麦、玉米和生猪进行了市场整合研究，研究结果表明空间市场之间存在长期的整合关系，但不存在短期的整合关系。帕克等（Park et al., 2002）使用中国各省 1988～1995 年的三个月的平均价格，采用比价界限模型来衡量转型时期中国粮食市场

的运行状况，表明贸易限制并不能解释市场发育在时间上的变化，除了贸易限制外，基础设施发展滞后、市场价格改革和专业化生产政策也对市场发育有着重要的影响。李春海（2005）从制度经济学视角下，分析了制约农产品流通效率的主要障碍性因素，并提出消减制度瓶颈的政策和措施。谭向勇等（2008）构建了一个农产品流通效率的评价模型，并运用构建的模型实证研究了北京市几种主要的农产品的流通效率问题。孙剑（2011）从农产品流通速度指标、流通效益指标和流通规模指标三个方面构建了农产品流通效率测度指标体系，并利用因子分析法研究了1998～2009年我国农产品流通效率的变化趋势。

（3）农产品流通主体方面的研究。农产品流通主体主要涉及农户、流通组织和中介组织（王小娜，2008）。曹利群（2001）通过对农产品市场的分析，指出我国农产品流通组织体系是由批发市场、合作社和龙头企业组成的混合体。卢凤君、寇平君、陈雄烈（2003）通过对比我国与日本、美国、西欧等国的果蔬流通主体的结构发现，我国流通主体的结构具有中间环节众多、结构多重，市场功能紊乱，市场秩序混乱的状况。肖怡（2004）通过对日本、美国和荷兰的农产品批发市场的分析，认为广东农产品市场的转型，必须积极发挥行业协会和中介组织在农产品流通中的作用。张闯、夏春玉（2005）认为农产品流通合作社规模和实力的壮大，农户组织化的提高及政府互补性制度安排有助于解决当前农产品流通渠道稳定性缺失及效率不高等问题。李春成、李崇光（2005）认为应该建立以批发交易市场为中心的、新型农贸超市为主干的高效、畅通的农产品流通体系。黄祖辉等（2003，2005）分析了发达国家农产品流通变化的新趋势及其对我国的启示，从流通主体及主体间关系演变的角度研究了消费主导下农产品通路的变化过程，并特别强调了超市崛起和物流配送技术创新在农产品物流中的重要意义。任鸣鸣等（2004）则探讨了农产品连锁经营对我国农产品流通的意义，继而分析了培育适合农产品连锁经营的农产品物流配送组织的发展战略，并指出将区域内的农产品合作组织作为农产品连锁经营的物流配送组织能较好地促进我国农产品连锁经营企业的快速成长。张吉隆等（2005）指出农业和农村经济的持续发展迫切需要农产品流通组织创新，认为农产品批发市场组织、农产品流通合作组织和农产品产销一体化组织等三种不同性质流通组织的规模创新与机制创新，对促进农村经济的持续发展非常重要。陈炳辉、安玉发、刘玉国等（2006）认为，农产品批发市场是农产品流通的主渠道和中心环节。黄春铃（2007）学者引入经济学中关于市场结构的分析范式，研究了我国农民在农产品流通中的不利地位，指出流通组织创新是农产品价格保护政策取得成效的前提和基础，并基于我国流通组织创新的成本—收益分析，探讨了我国流通组织创新的途径和对策。徐振宇（2007）提出提升农产品流通效率，是促进我国经济增长方式转变的重要突破口，应尽快完善农产品流通的网络和组织基础，充分整合各种资源，发挥批发市场在农产品流通中的核心作用，鼓励农民合作组织的发展，继续探索合同农业机制和期货市场，重视超级市场在高质量农产品流通中的重要作用，加大农产品流通基础设施建设的力度。王晓红（2011）认为我国农产品市场已成为多元化主体并存的格局，农产品批发市场是农产品流通体系的核心、个体农户为农产品流通的主力军，并认为积极培育农产品流通主体是完善和发展现代农产品流通体系的主要举措之一。

（4）农产品流通机制和模式方面的研究。

①农产品流通机制的研究。高燕等（1999）研究在不同条件下运用不同模式促进农产品批发市场繁荣发展的国际经验，这对构建我国未来农产品批发市场运作模式提供了借鉴。贾生华、刘清华（2001）、张敏聪（2002）、肖怡（2004）等学者提倡实行拍卖制

度，认为引入拍卖机制有助于农产品市场向现代流通组织的转型。朱信凯（2005）认为由于受到政府失灵、市场机制不完善，中介组织程度低等多方面的影响，农产品拍卖机制并不适合我国国情。李泽华（2000）则主张实行远期契约交易认为农产品契约交易逐渐推行是农产品市场化发展的必然。文启湘、陶伟军（2002）认为应该引入企业，形成公司加农户的形式然后进行交易。屈小博、霍学喜（2007）及黄祖辉、张静和陈凯文（Kevin Chen，2008）分别基于对农户的调查的资料，实证研究了交易成本在农产品流通中对农户销售行为的影响。陈淑祥（2006）基于社会再生产理论，从流通过程的环节及管理、信息以及市场等方面分析了影响农产品流通的诸因素。

②农产品流通模式的研究。寇平君等（2002）认为我国农产品流通模式的战略目标定位应该是"现代单段二元式"，在实施策略上先行建立"双段三元式"流通模式。邓俊森等（2006）基于目前鲜活农产品流通中存在的问题，提出建立以企业化的批发市场和超市为核心企业的鲜活农产品供应链管理模式，并说明了两种模式各自的优点，同时提出了两种模式实施的相关对策和保障措施。王金河（2008）对构建基于供应链管理的农产品流通新模式进行了理论分析，并提出了保障农产品流通新模式顺利运行的对策。杨为民（2007）从交易费用理论入手，探讨农产品供应链的发展模式，指出农产品供应链一体化是现实及未来的客观需求。郭崇义、庞毅（2009）基于农产品流通实力的数量/价格矩阵将农产品流通主体分为四种类型，并提出以实力强的流通主体为核心建立的6种渠道模式，进而选择出我国农产品流通的主导模式。肖为群、魏国辰（2010）基于供应链的角度对我国农产品流通模式进行了研究，认为农产品供应链的合作关系、组织创新、农产品协议流通是我国农产品现代市场体系的重要内容和方向。赵剑（2010）在研究了四川

以批发市场为核心的农产品流通模式后认为，批发市场仍可能成为未来蔬菜流通模式的主导模式。杨青松（2011）在深入研究了蔬菜的流通模式之后认为，农产品流通模式不是参与主体（组织）单一的模式，而是批发市场模式和"农超对接"模式的并存；在条件成熟的时候，较高级的流通模式才会在一定条件下选择性的替代传统模式。

（5）农产品流通体制方面的研究。李炳坤（1999）对我国农产品流通体制改革进行了回顾，他将整个进程分为四个阶段：调整价格、开放集市贸易阶段、计划经济与市场调节相结合阶段、探索农产品流通全面引入市场机制阶段、深化农产品流通体制改革阶段。姚今观（1996）、丁声俊（1997）指出生鲜农副产品流通体制改革的方向是建立各类批发市场为主要途径，有各种农民直销形式同时并存的流通网络体系。李春海（2006）重点分析了农产品流通制度对农产品流通效率的影响，并提出了提高农产品流通效率的制度削减措施。王志刚（2006）、祁春节和蔡荣（2008）在回顾了我国农产品流通体制变革的进程之后，提出我国的农产品流通体制改革是强制性制度变迁与诱致性制度变迁共同作用的结果，但更注重强制性制度变迁方式，农产品流通应更注重多种经营形式。梁佳、刘东英（2010）认为农产品本身在生产、流通与消费上的独特性所蕴含的制度含义及其所展示的潜在利润空间是影响中国农产品流通体制变革的根本动因；并进而提出适合中国国情的农产品流通体制进一步变革的发展思路。曾欣龙等（2011）把我国农产品流通体制划分为自由购销、统购统销、放开搞活和深化改革四个发展阶段，并提出坚持社会主义市场化取向，进一步加强宏观调控能力，优化农产品流通体系建设等相关政策建议。薛建强（2014）认为中国农产品流通体系政策调整的方向应该注重四大转变：一是从"重生产、轻流通"向"兼顾生产与流通"转变；二是从"保障供给"

向"兼顾供给与收入"转变；三是从"保障数量"向"兼顾数量与质量"转变；四是从"内外贸分割"向"内外贸一体化"转变。

（6）农产品流通现代化方面的研究。

①农产品流通现代化的内涵及作用研究。纪良纲（2006）认为农产品流通现代化要重点解决的问题是：农产品市场建设、农产品价格形成机制及农产品流通的宏观调控三个层面。王广深、马安勤（2007）认为农产品流通现代化是指把现代技术、现代营销方法和营销理念应用到农产品流通过程中，以提高农产品流通速度，促进农产品流通的发展，其主要表现就是营销理念的现代化和营销管理手段现代化。营销理念现代化是实现农产品流通现代化的前提条件；经营管理手段现代化则是确保农产品流通现代化实现的物质基础。经营理念的现代化就是要求经营管理者具有现代化的经营观念，如社会化大生产意识、风险意识、成本意识、利润最大化意识等。而营销管理手段的现代化则是要求管理者依靠现代化的手段对影响经营管理的有价值的信息进行及时准确的搜集处理，并迅速正确的做出决策。赵翠红（2007）在分析了流通现代化对新农村建设的作用后，指出信息化、商业信用建设、农产品流通基础设施投入、农产品流通加工、培育市场主体是构建现代农产品流通现代化的主要措施。胡永仕和王健（2009）认为农产品流通现代化是通过多个流通环节的有机连接，构建一个现代化的农产品流通体系，从而重塑农产品流通的利益分配格局，主要包括流通组织、流通载体、流通方式、流通技术，以及流通的支撑和保障体系现代化五个方面。郑鹏和李崇光（2012）则认为农产品流通现代化是一国（地区）农产品流通的先进性状态也是一个动态的发展过程，包括流通组织、设施、技术、方式、关系及制度的现代化，其主要目标促进农业现代化的实现，具有突出的动态性、渐进性、系统性和复杂性等特点（郑鹏、李崇光，2012）。此外，罗必良（2003）、王

新利（2005）等学者也从不同角度对农产品流通现代化的内涵和作用进行了探讨和研究。

②农产品流通现代化的模式研究。文启湘、郭妍（2003）在分析三种典型农产品流通组织交易费用的基础上，提出了现代化农产品流通组织体系模式、从农产品流通组织现代化角度分析了实现农产品流通现代化的对策。刘芳（2008）把农产品流通现代化归纳为集中发展模式：电子商务模式、农工贸一体化发展模式、农村现代化合作经济发展模式和区域专业化发展模式。还有一些学者则认为让农产品多进城，将广大农民生产的优质农副产品通过产销一体化的宽短渠道，推销到城市商场和超市，让广大市民吃上放心无公害农副产品，从而带动优质农产品生产基地和农副产品加工业的发展，推动农业产业化进程，使农村市场更加发展和活跃，进一步促进农村信息、运输、加工、销售、信贷等服务体系的发展，从而使更多的农民进入第二、第三产业的发展是农产品流通现代化的模式（张江华、朱道立，2006；仝新顺、吴宜，2009）。

③农产品流通现代化发展方向（路径）的研究。赵显人（2009）认为加快批发市场的升级改造，提升交易功能，推进多种形式的农超对接、产销衔接，创新经营方式，提高农民进入市场的组织化程度是实现农产品流通现代化的主要措施和方向。胡永仕和王健（2009）在综述了农产品流通现代化的内涵后，提出了农产品流通现代化的路径选择是流通组织、流通载体、流通方式、流通技术，以及流通的支撑和保障体系现代化五个方面。

（三）对现有研究成果的简要评述

从现有的文献来看，现有的研究成果几乎涵盖了农产品流通的所有研究领域，但对农产品流通现代化的研究却显得不够深入和系统，现有的少量对农产品流通现代化的研究文献呈现出以下特点：

（1）从研究内容来看：目前国内现有对农产品流通模式内涵和类型的研究还没有形成统一观点，学者大多基于具体的研究问题来界定农产品流通模式的内涵和类型（王彬，2008；杨青松，2011）；对农产品流通模式的研究还不够深入和系统；对农产品流通模式的发展方向和路径选择的研究以理论上的争鸣为主，但理论体系相对其他农产品流通研究领域仍较为薄弱；基于农户视角界定农产品流通模式的内涵与类型，并基于此开展对农产品流通模式的相关研究并不多见，特别是研究不同农产品流通模式中农户的福利问题，以及对"农超对接"流通模式中合作社与农户利益关系的研究则更加稀少。

（2）从研究方法来看：和其他农产品流通领域不同的是，学者们对农产品流通模式的研究方法较为趋同，定性研究方法大多为阐释性和演绎研究，而定量研究方法则多为计量模型的运用。本书所运用的农户福利的模糊评价方法，在现有对农产品流通模式的研究中还未运用。

二、理　论　基　础

（一）流通理论

1. 马克思主义的流通观

马克思特别指出"生产、分配、交换（流通）、消费"是社会再生产不可或缺的四个环节，其中交换（流通）是构成社会再生产的重要一环，与其他三要素相互影响并相互作用（陈俊明，2006）。马克思主义的流通思想是建立在 19 世纪中期的资本主义市场经济背景下，认识到流通对生产和消费的巨大作用，科学指出流通是商品所有者之间的关系总和，是实现生产要素有效组合的关键，流通的速度和过程对生产过程有着直接的影响作用（丁俊发，2006）。除了商品流通外，马克思还特别论述了货币流通和资本流通这两类重要的流通（晏维龙，2009）。

2. 毛泽东的流通观

毛泽东的流通思想可以用"重生产，轻流通"来概括。20 世纪 50 年代初由于多种所有制经济并存的经济制度，我国曾有短暂的商品流通实践。但随着社会主义改造的完成，我国开始长达几十年的统购统销计划经济流通时代；1978 年改革开放，国家开始逐步放开对各类商品品流通的控制，但直到 1984 年前后才开始真正的农产品自由流通的尝试。

与计划经济体制相吻合的毛泽东流通思想，相对而言重视生产而轻视流通，所有的商品的收购和分销均有国营的流通主体承担，商品流通带有很强的计划性和政治性，几乎不存在实质意义上私人参与的商品流通。虽然"重生产，轻流通"的毛泽东流通思想在计划经济体制下具有很强的指导性，但随着 1978 年后商品经济的活跃和市场经济的逐步确立，毛泽东的流通思想已不能适应经济发展对流通理论的诉求，因而邓小平的流通思想应运而生。

3. 邓小平的流通观

邓小平的流通观主要体现在三个方面：一是市场经济与社会制度无关，这也间接承认了在国民经济中流通具有与生产同等的地位；二是发展具有国际视野的大流通；三是以提高人民生活水平和国民经济发展为准绳，促进生产、分配、流通、消费的协调健康发展。邓小平流通观的实质是突破计划经济的束缚，积极鼓励发展市场经济，大力开展流通体制机制改革，为社会主义建设服务。

（二）交易成本理论

交易成本这一概念的提出是对新古典经济学的前提假设的反思和质疑，交易成本理论是新制度经济学的重要理论。20 世纪 30 年代，科斯首先提出了交易费用的概念，并在其著名论文《企业的性质》中运用它第一次作了经济分析。科斯认为交易是有成本的，企业自身产生的组织费用（如行政管理费用等）可以看成是企业内部的交易成本（科斯，1994）。后来，科斯将交易成本定义为存在于交易活动中，为界定和维护交换双方的权益而必须支付的一笔费用，包括信息搜寻成本、谈判成本、契约监督和维护的成本（科斯，1994）。循着科斯的思路，威廉姆森进一步拓展了交易成本的概念，建立了一个多维度的交易成本概念，并认为在合同的履行阶段由于合同存在的模糊性和含混性，导致资产专用型、有限理性和机会主义共同作用于交易成本（威廉姆森，1985）。

根据交易成本理论对企业研究的关注重点不同，可以分为企业和市场关系的研究和对企业内部层级的研究两个方向。科斯最先研究企业和市场关系，威廉姆森在其基础上做了拓展，深刻地研究了各类经济组织问题，特别是企业、市场，以及与之有关的签订契约的问题，推进了对企业与市场关系的研究。针对科斯的企业与市场的替代问题，威廉姆森采用资产专用性等因素做了进一步的分析。他认为一项交易的交易对象市场组织还是企业组织，由交易的生产成本和交易费用决定，在其他条件不变的情况下，资产专用性程度会对市场节约生产成本和交易费用的能力产生影响，这个程度越高则交易就越适合由企业来组织（威廉姆森，1985）。

张五常和鲍威尔（Powell）也发展了交易成本理论。张五常把交易成本界定为一切不直接发生在物质生产过程中的，人与人之间发生交易关系时必然发生的成本（张五常，2000）。鲍威尔（Powell）认为交易成本是交易的摩擦力，交易成本在一定程度会降低交易双方所获的价值，但同时也是必然存在的成本。交易成本的存在使得交易双方最终会选择一个合适的价格（包括交易价格在内）进行交易。因此，只要交易双方能够找到可以降低交易成本的治理结构，效率就会增加（杨青松，2011）。

交易成本理论是新制度经济学的基础理论，也是本书分析农产品流通与交易方式的理论工具之一。交易成本普遍存在于农产品交易的过程中，作为农业生产和流通重要主体的农户，由于其天然的弱势地位使得其在选择交易对象时存在着不同的信息成本、谈判成本、交易成本和运输成本。由于不同交易方式下交易成本的差异，农户在"天然逐利"的理性驱使下便会趋于和交易成本较低的对象开展交易，从而为农户的农产品流通现代化路径选择进行了"路径锁定"。

（三）森的可行能力理论

缘于对传统福利内涵的批判，阿马蒂亚·森于 20 世纪 80～90 年代提出了基于可行能力方法的福利分析框架。该框架根据一个人实际能做什么和能成为什么来定义福利，着重强调福利和自由之间的差异，事实上重新定义了福利的概念和内涵（森，2002）。他认为，创造福利的并不是商品本身，而是它所带来的那些机会和活动（opportunities and activities），而这些机会和活动是建立在个人能力（capabilities）基础之上的，因而福利的实现又取决于其他一些因素，比如拥有房屋、食品、健康等，他认为所有这些因素都应当在衡量福利时加以考虑，森对其福利的这一多维定义界定为"可行能力方法"（高进云，2008）。森基于可行能力定义的福利概念极大地拓展了福利的内涵和外延，更有助于我们把握福利的本质。

在这一观点下，生活被看作是相互关联的功能性活动（functions）的集合，对福利的评估可通过评估这些组成成分来实现（高进云、乔荣锋，2011）。功能性活动反映一个人认为值得去做或达到的多种多样的事情和状态（森，2002）。如果获得的功能性活动组成了一个人的福利，能力（capability）则反映了一个人可以获得福利的真正机会和选择的自由，是各种可能的功能性活动向量的集合。森实际上强调，影响个人福利水平或者生活水平的不是物品本身，而是物品能够为人们带来什么，以及人们能够利用这些物品做些什么（姚明霞，2005）。因此，可获得的功能性活动和可行能力与人们的个体特征和社会经济条件紧密相关，相同的资源被不同的人在不同的环境下可转换成不同的功能性活动（高进云、乔荣锋、张安录，2007）。

森基于可行能力的福利理论考虑了除效用之外的更多有关福利的组成部分，强调了福利不仅包含效用，还包含自由、平等、个人权利等伦理方面。森的能力概念避免了功利主义者的效用所引起的歧义，即能力不是一种愉悦，而是关于一个人选择集的度量，因此避免了效用比较问题（姚洋，2002）。使用能力方法可以合理地识别不同农产品交易模式中农民可行能力的变化，而收入只是产生可行能力的一种工具，而且不是唯一工具（森，2002）。农户低收入并不能反映其低的可行能力，因为不同特征的农户其收入与能力之间的关系不同，因此通过分析可行能力来讨论农户福利更为合理（高进云、乔荣锋、张安录，2007）。

三、本 章 小 结

　　本章主要梳理了农产品流通的国内外研究动态，并对本书的理论基础作了论述，为本书的后续研究做文献准备和理论储备。本章首先从农产品营销渠道、农产品物流和农产品供应链管理、"小农户"与"大市场"联结模式，以及合作经济组织参与农产品流通系统的角度系统归纳国外学者有关农产品流通问题的相关研究成果，并从农产品流通的内涵、农产品流通效率、农产品流通主体、农产品流通机制和模式、农产品流通体制、农产品流通现代化及其路径等方面系统梳理了国内学者在农产品流通领域的研究成果，并对国内外学者在农产品流通方面的研究成果作了简要评述。

　　为了更好地开展本书的后续研究，本章对流通理论、交易成本理论，以及森的可行能力理论做了系统论述。流通理论是贯穿于本书的基础理论，交易成本理论是第六章的理论工具，而森的可行能力理论则构成了第七章的基础理论。

第三章

我国农产品流通渠道演进的
体制与体系演绎

一、我国农产品流通体制的历史
演进：1949～2015 年[①]

（一）粮棉等大宗农产品流通体制的历史演进

1. 粮食流通体制的历史演变

（1）短暂的粮食自由购销体制阶段（1949～1952 年）。中华人民共和国成立初期，由于国有经济成分较为薄弱，私营经济是当时国家经济的主要经济形式，加之中华人民共和国成立初期的国家对粮食流通市场的管控力度相对较弱，从而形成了短暂的多种经济成

① 曾寅初等所著的研究报告《中国农产品流通的制度变迁—制度变迁过程的描述性整理》给本书作者撰写本部分给予诸多启发，在此深表感谢！

分并存的粮食自由购销体制阶段。这个阶段的主要特点是：①在粮食流通主体方面，在国家的主导下，形成了国家粮食经营系统和管理组织体系等国营性质的粮食流通主体与私营粮食流通主体并存的粮食流通系统，并加大了对私营粮食流通主体的管控。②在流通管制方面，成立了粮食管理总局，统筹对粮食流通系统的管理工作。

（2）粮食流通统购统销体制的建立（1953～1984年）。1953～1984年是我国粮食流通的统购统销时期，我国的粮食流通正式进入计划时代。这一体制的主要内容和特点有：①我国粮食的主管部门发生重大变化。1952年8月，原贸易部的粮食公司和财政部的粮食总局合并成立了粮食部，统一负责全国粮食的征购、分配、供应、调拨工作，以及地方粮食机构和所属企业的业务协调工作，为粮食流通统购统销体制的建立奠定了组织基础。②在农村向农户、国营农场、各农村生产队、高级农业社等农业生产主体计划收购粮食，对农村缺粮人口（地区）及城镇居民计划供应粮食，严禁任何单位和个人经营粮食。

（3）粮食统购统销体制的松动和粮食流通"双轨制"的确立（1985～1990年）。随着农村改革的推进和家庭联产承包责任制的确立，加之粮食政策的逐步调整，粮食的供销形势发生了巨大变化，这种变化最终导致了粮食流通"双轨制"的确立和粮食统购统销体制的松动。1985年1月1日，中共中央、国务院发布的《关于进一步活跃农村经济的十项政策》的文件正式确立了"合同定购和市场收购"并行的粮食流通体制，国家不再向农民下达农产品统购派购的任务。粮食流通"双轨制"的特点是：政府强制性收购、低价定量供应与一般市场交易并存，政府性的粮食流通组织与非政府的粮食流通组织并存。

（4）粮食统购统销体制的解体和"保量放价"政策的出台（1991～1993年）。由于粮食流通"双轨制"只是改变了粮食的

"统购"体制，并没有改变"统销"体制，因此粮食价格的倒挂问题日益突出，由此产生的巨额的粮食价格补贴使国家财政难以承受。1993 年 2 月，国务院颁发的《关于加快粮食流通体制改革的通知》确立了粮食保护价制度（粮食保护价的原则、范围、程序、品种及标准等），并开始建立粮食风险基金制度，基本确立了"统一政策、分散决策、分类指导、逐步推进"的粮食商品化、经营市场化的改革方向。1993 年 11 月，中共中央、国务院发布的《关于当前农业和农村经济发展的若干政策措施》提出了建立粮食风险基金及储备体系和解决国有粮食企业财务挂账问题，至此粮食统购统销体制的正式解体。该文件还确立了从 1994 年开始执行保留粮食定购数量，收购价格随行就市的"保量放价"政策，即保留粮食定购数量，收购价格随行就市。

（5）"保量放价"政策的夭折和粮食经营的"两线运行"（1994～1997 年）。当时由于国家粮食宏观调控体系的不健全和粮食市场的不完善，粮价开启了长达一年半的上涨局面，给我国的粮食市场和国民经济稳定带来了重大的负面影响。为了稳定粮食市场，"保量放价"政策在未执行的情况下就被事实上的"双轨制"所取代。1994 年 5 月《关于深化粮食购销体制改革的通知》和1995 年 6 月《关于粮食部门深化改革实行两条线运行的通知》的文件确立了粮食政策性业务与商业性经营的"两线运行"。1996 年1 月《关于"九五"时期和今年农村工作的主要任务和政策措施》和 1997 年 2 月《关于做好 1997 年农业和农村工作的意见》的文件逐步完善了主要农产品的储备调节和风险基金制度，建立了保护价格和农业保险制度。1997 年 7 月，国务院在北京召开全国粮食购销工作会议，正式确立了粮食的保护制度，全面敞开收购粮食。这些政策的出台意味着我国粮食流通开始逐渐步入市场化的进程。

1985～1997 年这十多年间粮食流通体制演变的主要特点是：这

一阶段我国粮食流通体制的演进带有深深的由计划经济逐步向市场经济体制转型的烙印。这一时期计划经济体制下统购统销的粮食流通体制开始松动并逐渐解体，逐步开始了市场化的尝试。但由于种种原因，这种尝试遇到了一些挫折，体现在粮食流通政策上就是各种流通体制的不断尝试和调适，如粮食流通的"双轨制""保量放价"和粮食经营"两线运行"等政策的出台。正是由于在这短短的十多年间所进行的各种粮食流通体制的尝试，才为1998年所开始的粮食流通市场化进程提供了有益的经验和借鉴。

（6）粮食流通的市场化进程（1998年以来）。从1998年开始，我国的粮食流通体制逐步市场化。1998年4月，国务院召开了全国粮食流通体制改革工作会议，并先后下发了《关于进一步深化粮食流通体制改革的决定》、《粮食收购条例》、《粮食购销违法行为处罚办法》和《关于印发当前推进粮食流通体制改革意见的通知》等文件，这些文件逐步确立了粮食流通体制市场化改革的政策框架和具体措施，如政企分开、中央与地方责任分开、储备与经营分开、新老账务挂账分开，完善粮食价格机制的"四分开、一完善"政策；按保护价敞开收购农民余粮，国有粮食收储企业实行顺价销售，粮食收购资金实行封闭运行等政策措施等。1999年，国务院下发了《关于进一步完善粮食流通体制改革政策措施的通知》，又进一步明确了退出保护价收购的粮食品种范围，开始尝试全面放开粮食价格的试点。2001年下发了《国务院关于进一步深化粮食流通体制改革的意见》，提出了"放开销区、保护产区、省长负责、加强调控"的措施，积极稳妥地推进以市场化为取向的粮食流通体制改革；同时提出了加快粮食主销区粮食购销市场化改革的目标。2002年，一些粮食主产区开始进行对种粮农民直接补贴的试验，与此同时，放开了当地粮食收购市场。2004年的中央一号文件《中共中央、国务院关于促进农民增加收入若干政策的意见》规定从 2004 年开始，国家全面放开粮食收购与销售，实行粮食购销的多渠道经营。至此，我国粮食流通的市场化体制正式确立。

2005 年和 2006 年的中央一号文件在继续和扩大对农民的补贴、加强和完善对短缺的重点粮食品种在主产区实行最低收购价政策、逐步建立和完善稳定粮食市场价格、保护种粮农民利益的制度和机制，以及加强农村现代流通体系建设等方面着重予以强化。2006 年 5 月，国务院发布的《关于完善粮食流通体制改革政策措施的意见》则在对粮食购销企业改革方面提出了指导性的意见。2007 年和 2008 年的中央一号文件重点强调了粮食补贴和保护价制度，还特别对粮食流通的监测和预警系统建设等方面提出了指导性意见。

1998 年以来的粮食流通体制演变的特点是：这一时期粮食流通体制开始逐步推进以市场化为取向的粮食流通体制改革。围绕这一目标，国家相继出台了一些政策建立了市场化的粮食流通体制，并通过建立一些配套政策制度（如国有粮企改革、农业补贴、粮食保护价、加强监测和调控等）来逐步完善。

2. 棉花流通体制的历史演变

（1）短暂的棉花自由购销体制阶段（1949～1953 年）。中华人民共和国成立初期，由于国营经济的薄弱，加之棉花购销领域主要还是由过去遗留下的私营棉商在经营，因此我国的棉花购销经历了短暂的自由购销阶段。1950 年，全国供销合作总社成立后，国家通过供销社代购和经营棉花，同时允许花纱布公司、公私合营纱厂联合购棉处及私商棉贩收购经营棉花。1951 年中央贸易部与全国供销合作总社签订合同，在全国各地普遍实现棉花预购。这一时期，国营性质的供销社和私营棉商贩共同参与棉花经营是这一阶段棉花流通体制的主要特征。

（2）棉花流通统购统销体制阶段（1953～1984 年）。虽然国家通过供销社已能够控制大部分棉花资源，但随着经济的发展和人口增长，棉花需求的增长大大快于产量的增长，棉花的供求矛盾越来越突出。在此背景下，一些私商棉贩与供销合作社争购棉花资源，严重影响了作为国家战略物资的棉花购销计划的实现，之前确立的事实上的公私共同开展棉花购销的体制面临解体。1954年9月《关于实行棉花计划收购的命令》的文件中明确规定任何私营棉商都不能收购棉花，棉花收购只能由国营性质的供销合作社总社收购。该文件的出台标志着我国棉花统购制度的建立。此后，国家有关部门又陆续发布了相关文件，完善了棉花的统购统销体制，如实行棉花奖售政策、定购加价政策等。

（3）合同定购、计划销售阶段（1985～1998年）。1985年中央一号文件决定棉花改统购为合同定购，供销社收购完合同订购之外的棉花允许农民上市自由销售。但1987年的《加强棉花市场管理的通知》的文件又严控了刚刚开始松动的棉花购销体制，该文件明确规定棉花仍只能由合作社收购，任何组织和个人均不能收购。之后国务院分别在《关于提高棉花价格和实行棉花调出调入包干办法的通知》（1989年）和《关于做好1990年度棉花收购和调拨工作的通知》（1990年）的文件中再次强化了计划经济私彩浓厚的购销体制。1991年7月国务院在《关于整顿棉花质量、价格和严格执行国家调拨计划意见的通知》的文件中继续重申棉花合同订购、计划销售的体制，坚决取缔棉花市场，打击倒卖棉花的不法行为。

1991年9月《关于改革棉花流通体制的意见》的文件开始先后在山东、河南、江苏三省开展棉花放开初步试点，试点地区改变棉花由供销社统一经营的体制，逐步开放棉花市场，允许棉花上市交易；非试点省份在完成国家合同定购任务外，可以放开棉花市场。但这个政策实行的时间较短。1993年和1994年的文件又开始进一步强化棉花合同定购、计划销售的体制，执行棉花购销的"三不放开"和"两个统一"。

这一阶段棉花购销体制演进的主要内容和特点是：棉花收购环节实行合同定购，由供销社统一收购；在销售环节，由国家计划分配，供销社统一经营，不放开棉花市场，不搞价格双轨制。这一阶段的棉花流通体制处在棉花购销体制由计划体制向市场体制转型的尝试和调整阶段，政策的出台也有一些反复，但总体上看这一阶段的棉花购销体制仍然是合同订购和计划销售。

（4）政府指导下的市场化进程（1999年至今）。1998年11月的《关于深化棉花流通体制改革的决定》的文件决定从1999年起逐步建立在国家宏观调控下，主要依靠市场机制实现棉花资源合理配置的新机制，棉花的流通体制终于迈出了实质性的改革步伐。1996年6月《关于做好1999年度棉花工作有关问题的通知》的文件强调建立政府宏观调控下的棉收购市场机制。2001年7月的《关于进一步深化棉花流通体制改革的意见》的文件确定了"一放、二分、三加强、走产业化经营的路子"的棉改具体思路，棉花的市场化流通体制开始逐步推进。2003年3月中国储备棉管理总公司成立，其职能是负责国家储备棉的经营管理。

2004年9月，国家发改委、农业部等发布《关于印发整顿棉花流通秩序工作方案的通知》，该文件主要着眼于整顿棉花市场流通秩序，对所有收购棉花加工企业的资质条件进行全面检查；整顿棉花收购加工企业的经营行为；严厉打击非法经营行为；规范棉花市场；清理棉花流通规章。

这一阶段棉花购销体制演进的主要内容和特点是：棉花的流通主体从单一的国家供销社转变为多元化的流通主体；棉花的流通体制由合同订购、统一销售的计划色彩浓厚的流通体制转变为在政府指导下的购销开放的市场化流通体制。

（二）果蔬等生鲜农产品流通体制的历史演进

1. 短暂的自由购销体制阶段（1949～1951年）

1949～1951年，果蔬流通领域基本上延续了中华人民共和国成立前个体生产和销售制度，城市中民营的批发市场在果蔬流通体系中占据着重要地位，这一时期基本维持了短暂的果蔬的自由购销局面。

2. 以国营商业企业经营为主的计划流通（1952～1973年）

从1951年开始，城乡果蔬流通体制开始呈现一定的差异性。在城市，随着批发市场逐步被撤销，国营商业企业开始全面进入果蔬流通领域。而在农村，1951年后，农村集贸市场则经历了开设与关闭的反复；1963年开始，农村的集贸市场被封闭；直至1974年后，集市贸易市场在一些地区才逐步恢复，并作为国营流通体系的补充，在农村当地担当起流通职能。1951年开始，果蔬流通体制进入统购包销阶段。1957年国务院文件把供应出口的苹果和柑橘列为国家统一收购的物资，而非集中产区的水果可以在国家领导下开展自由市场交易。因此，这一阶段水果流通实行的是国家统一收购和国家领导下的自由市场交易并行的流通体制。

3. 产销"大管小活"阶段（1978～1984年）

随着农村基本经营制度的确立，集贸市场在一些地区开始恢复。1980年《加强物价管理、坚决制比乱涨价》的文件指出大宗蔬菜不搞议价。但1981年5月的《关于加强大中城市和工矿区蔬菜生产及经营工作的报告》的文件却指出要进一步改进蔬菜经营，设立统购包销与自由市场相结合的蔬菜市场。这个文件的出台标志着果蔬计划流通体制开始松动。这一阶段，国家对果蔬等生鲜农产品流通采取的是"宏观调控"和"微观放开"相结合的"大管小活"的管控方式，既保证了果蔬等生鲜农产品的有效供应，又繁荣和活跃了交易市场。

4. "定购包销"阶段（1985～1991年）

1985年中央一号文件《关于进一步活跃农村经济的十项政策》的通知指出大中城市的蔬菜，要逐步取消派购。这标志着政府决定开放果蔬等副食品的经营与价格，尝试果蔬等农产品的市场化流通。1986年的中央一号文件明确要建立各种形式的蔬菜和副食品批发市场；1987年的中央一号文件再一次强调要扩大现有的蔬菜批发市场、集贸市场和零售网点。

这一阶段果蔬流通体制演进的主要内容和特点是：派购政策取消，集贸市场和批发市场开始建设并逐步壮大，允许和鼓励私营组织和个人参与果蔬等副食品的流通。这一阶段是我国果蔬等生鲜农产品流通体制向市场化方向变革的过渡阶段，相较于粮棉等大宗农产品流通体制由计划向市场过渡中出现的一些挫折和反复，果蔬等生鲜农产品流通体制的过渡稍显平稳。

5. 实现自由市场流通（1992年以来）

随着"菜篮子工程"建设的进展和流通条件的改善，1992年各大中城市停止对果蔬生产与流通的计划管理，开放市场，开放价格，鼓励竞争。至此，我国果蔬生产流通体制实现了由计划统制向自由市场流通体制的全面转换。1992年国家工商行政管理局的文件提出了建立多功能的农副产品批发市场的决定。之后，对批发市场功能和定位的文件逐步出台：1994年的《批发市场管理办法》

首次对批发市场进行了定义；1996年的《全国"菜篮子工程"定点鲜活农产品中心批发市场管理办法》的文件则提出要建立以批发市场为核心的农产品市场体系。

值得一提的是，1994年市场流通上出现了两个重要的变化：（1）在果蔬专业市场销售额中，批发市场所占份额超过50%，标志着批发市场在蔬菜市场流通中处于主导地位。（2）在集贸市场销售额中，城市集贸市场所在份额首次超过50%，在集贸市场流通中开始处于主导地位（王志刚，2001）。在市场流通中，批发市场的数量逐渐增加的同时，批发市场的建设逐渐从硬件的数量建设转向市场内部软件的质量建设阶段。尤其是1994年12月由原国内贸易部公布的"批发市场管理办法"，首次对批发市场进行了定义，并提出了以批发市场为核心建设大量全国性流通市场的主张。

1998年中共中央《关于农业和农村工作若干重大问题的决定》的文件指出要进一步放开搞活肉禽蛋菜果等鲜活农产品的流通。1999年中共中央、国务院《关于做好1999年农业和农村工作的意见》的文件指出要加强信息引导，依靠科技进步，完善购销政策；继续推进以批发市场为中心的"菜篮子"产品市场体系建设。至此，我国的果蔬等生鲜农产品基本实现了市场化流通。

（三）肉禽蛋类农产品流通体制的历史演进[①]

1. 自由购销为主的流通阶段（1949～1954年）

中华人民共和国成立初期，在国营商业机构还未建立的情况

---

① 本部分主要参考了曾寅初等人所著的学术报告《中国农产品流通的制度变迁——制度变迁过程的描述性整理》[C]."WTO与东亚农业发展"国际学术研讨会资料，2004年3月.

下，国家鼓励和扶持私营肉禽蛋类农产品从业者从事肉禽蛋类农产品流通经营活动。这一阶段肉禽蛋类农产品实行的是自由购销，价格随行就市。

2. 实行"派购"阶段（1955～1984 年）

1955～1963 年，国家对肉禽蛋类农产品实行分类管理。①对以猪肉为代表的肉类产品实施"派购"政策。1955 年 2 月，全国财经会议决定在生猪主产区实行派购政策。1957 年 8 月的文件把生猪等肉类产品列为统一收购的物资，只能由国有商业部门和供销社统一收购，其他单位和个人一律不准收购，完成任务后的生猪也必须交售给国有商业和供销合作社。②对禽蛋类农产品则实行国家领导的自由市场交易。1957 年 8 月的文件没有把禽蛋类农产品列为计划收购和统一收购的物资，鸡、鸭、鹅、鲜蛋等一些农产品允许在国家领导下自由市场交易。1963 年 7 月，商业部提出生猪收购坚持"以计划收购为主、议价收购为辅"的原则。1964 年国务院发布文件"适当增加派购，减少议购或不议购"。

这一时期肉禽蛋类农产品流通的主要特点是：①价格方面：以国家计划价格为主，并辅之以介于国家牌价和市场价格之间的议价供应。②流通主体方面：1954 年国家成立了中国食品公司，各级食品公司也相继成立，主要负责肉禽蛋等主要农副产品的经营。当时生猪收购是由食品公司委托农村供销社代购，1955 年后，在生猪主产区开始实行由食品公司垂直系统设立购销站直接收购生猪经营；在非主产区仍委托农村供销社代购。

3. 由计划调节向市场调节过渡阶段（1985～1991 年）

1985 年，国务院在《关于调整生猪购销政策和价格方案》的文件中进一步提出：（1）取消生猪派购，实行有指导的议购议销。国家不再向农民下达派购任务，由养猪户与国有、集体或个人经营者自由成交，也可以自己屠宰、加工、销售，国有、集体、个体经营者或农户可直接进城卖肉或是实行城乡联营。国家通过各种经济手段，通过合同定购或市场收购方式掌握货源，参与市场调节；（2）猪价放开后，要给城镇居民适当补贴，使大多数居民不因猪肉价格上涨而增加经济负担；（3）牛羊肉、海水鱼、禽蛋等鲜活商品价格还没有放开的地区，要因地制宜，选择时机有区别地放开。

由于市场波动，1985 年改革肉禽蛋类农产品统购统销的目标并未实现，而是改为放开的部分农产品实行双轨制，在完成合同定购任务后允许议购议销；对计划管理的产品也进行了缩小指令性计划范围，完善指导性计划管理的改革。因此，1985～1991 年肉禽蛋类农产品开始了事实上的双轨制阶段。

这一时期的主要特点是：从经营机制来看，由计划调节转向市场调节，生产经营者以市场为导向组织生产和流通，批发市场、零售市场相继产生；从经营主体来看，国有商业一统天下的格局被打破，国有商业、集体商业、私营个体商业在同一市场上竞争；从流通渠道来看，由单一化的渠道转变为多渠道流通，出现了农民进城直销、中间商经销、产销一体化等新的流通渠道。

4. 市场调节、自由购销阶段（1992 年至今）

1992 年开始，农产品流通体制改革进入新阶段，主要农副产品价格在全国范围内有步骤、有秩序的逐步放开，进入市场调节阶段。自此，肉禽蛋类农产品开始全面进入自由购销阶段。

二、我国农产品流通体系的历史演变、现状特征及未来方向

（一）计划经济体制下的农产品流通体系及其特征——对农产品流通体系的历史审视

计划经济体制下的农产品流通体系是我国计划经济体制背景下的特殊产物，具有深刻的政府干预农产品产销的"统购统销"特征。在这个农产品流通体系中，由政府控制的国营农产品收购主体向农户（1953 年之前）、国营农场、各农村生产队、高级农业社等农业生产主体收购农产品，然后在封闭的流通体系内由各级国营农产品收购主体层层向各级城镇市场计划销售，带有丰富的计划色彩（如图 3-1 所示）。具有以下突出特征：

（1）整个农产品流通体系虽然具有强烈的"计划"色彩，但在不同的时期，国家对不同农产品种类的干预程度却呈现出明显的差异性。就时期而言，1953 年之前农产品大多经历过短暂的自由购销阶段，国家的行政干预程度非常有限；1954 ~ 1984 年，我国农产品进入国家行政深度干预的"统购统销"时期，下达生产计划指令、统一收购、统一销售、严禁民间参与农产品流通；1984 ~ 1992 年前后，我国农产品流通体制改革进入反复期，有些农产品继续实行"统购统销"政策（如粮棉），大部分农产品开始进行市场化进程的探索，但有不同程度的反复（如肉类、蔬菜等），还有一些农产品，政府放松了管控，其流通的市场化进程明显加快（如蛋、水果等）；1992 年至今，农产品流通几乎都开始了政府指导下的市场化进程，逐步放开了供销两端的行政强烈干预。

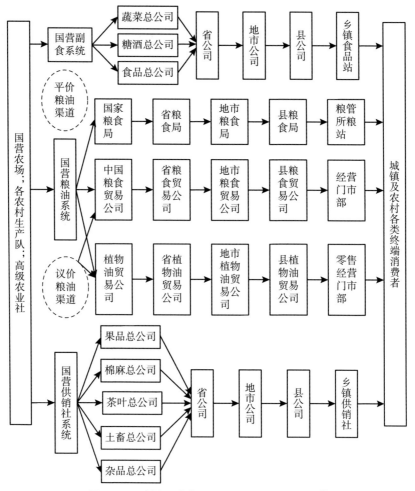

图 3 - 1   计划经济体制下的农产品流通体系①

就不同的农产品种类而言，对于涉及国家重大经济安全及国计民生的农产品（如粮棉油）干预，通常国家都较为审慎；对于其他对人们生活影响小、对国家经济安全威胁小的农产品，国家干预较

① 本图主要参考了唐仁键、张文宝和黄延信1992年发表在《中国农村经济》上的文章"农产品流通组织结构：现状分析与重建思路"中的农产品流通组织结构示意图，在此向作者谨表谢忱。

小。1961年国家明确将农副产品按照其对国计民生的重要程度分为三类，采取三种购销政策。第一类实行统购统销政策，包括粮食、棉花、食油。第二类实行合同派购政策，包括人们生活需要的重要农副产品、工业生产和基本建设所必需的若干重要原材料和包装物料、对外出口的农产品、如蔬菜、肉类等。不属于第一、第二类的农产品都是第三类物资，国家需要收购的部分实行议购政策。

（2）计划经济体制下的农产品流通体系中的农业生产者是具有浓厚行政色彩国营农场、各农村生产队、高级农业社，以及1953年农业社会主义改造之前的农户等农业生产主体。国营农场、各农村生产队、高级农业社都是以农户的集体劳动为特征，并具有强烈的政治色彩，这是确保计划经济体制下以国营农产品流通主体为特征的农产品流通体系得以顺利实施的产业基础。

（3）国家根据农产品的差异性采取不同的农产品流通系统实施流通职能。由图3－1可知，计划经济体制下的农产品流通体系中由国营粮油系统、国营供销社系统和国营副食系统三个主要的国营农产品流通系统分别实施。国营粮油系统主要负责粮食和油料的计划收购和供应，其实施主体主要有三个：国家粮食局（粮食部）、中国粮食贸易公司和植物油贸易公司。国家粮食局（粮食部）主要负责全国粮食的征购、分配、供应、调拨工作，以及地方粮食机构和所属企业的业务协调工作，而且主要开展平价的粮油购销，计划行政色彩较浓。中国粮食贸易公司和植物油贸易公司则分别实施粮食和食用油的议价销售，当然在国家"统购统销"时期，这二者的职能由粮食部统一实施。国营供销社系统承担着我国主要农产品的流通职能，如棉麻、果品、茶叶、土畜、杂品等其他种类的农产品的购销，下设有棉麻、果品、茶叶、土畜、杂品等各类总公司分别实施。国营副食系统则主要开展蔬菜、糖酒及食品的购销。

三个主要的国营农产品流通系统及其下设的触及乡镇一级的分

支机构不仅承担着农产品的计划销售，还承担着各类农产品计划的下达和计划收购，是我国当时农产品重要的农产品供销管控部门，更多的承担着政府的某些职能，在保障我国农产品市场的健康、有序运行等方面发挥着不可替代的作用。尽管，随着我国农产品流通体系市场化的深入推进，这些计划色彩浓厚的农产品流通系统都已不复存在，但是其历史贡献不容忽视。

（4）计划经济体制下的农产品流通体系（如图3-1所示）在我国农产品流通的历史演进过程中并不是一成不变的，而是在适应市场变化和国家政策调整的背景下不断变化。图3-1所勾勒的计划经济体制下的农产品流通体系只是刻画了计划经济体制下的农产品流通的整体态势，并没有完整刻画各种类农产品流通的细节。如国营粮食系统中的三大主体，只是存在于粮油议价的"双轨制"流通中，在"统购统销"的农产品流通中仍然是由粮食部（1952年由原贸易部的粮食公司和财政部的粮食总局合并成立）来实施。再如生猪购销，1954年国家成立了中国食品公司（下设有土畜总公司）在生猪主产区垂直系统设立购销站直接收购生猪并经营；在非主产区委托农村供销社代购。

（二）市场化的农产品流通体系及其特征——对农产品流通体系现状的认识和把握

市场化的农产品流通体系刻画是当前我国农产品流通系统，该流通体系是以农户、适度规模大户及其他农业者为生产主体，以批发市场、龙头企业、合作经济组织、贩销大户为主体的流通，以及农户直销等方式广泛参与，"农超对接"、农产品期货市场和电子商务等新型流通模式为补充的农产品流通体系（如图3-2所示）。这是当前我国主流的农产品流通体系，其主要特点是：

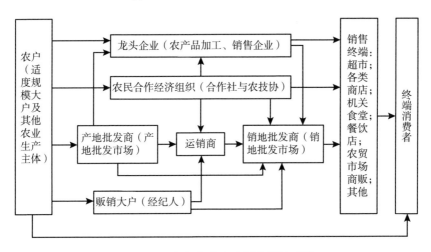

图 3 - 2　市场化的农产品流通体系①

（1）农户、适度规模的大户及其他农业生产者是当前我国市场化的农产品流通系统中的主要农业生产者。规模小且分散的农户是当前我国农业生产的主体，具有弱势、抗风险能力差、与大市场对接不畅等突出的问题；适度规模农户虽在很多地方都有尝试，但由于缺乏法律支撑、社会资本不愿进入及政府部门的积极性等原因，在全国范围内规范开展还有较大的障碍。因此，改善小农户规模小、分散等弱势地位，开展适度规模的农业生产，重点解决"小农户"与"大市场"对接等问题是未来改善我国农产品流通现状的重要方向。

（2）以批发市场、龙头企业、合作经济组织、贩销大户为主体的流通，以及农户直销是当前市场化的农产品流通体系的主要方式。批发市场是当前我国农产品流通的主渠道，产地批发市场和销地批发市场分别承担着主要农产品的集散和贩销任务，其间通过农

---

①　本图主要参考了汪旭晖 2008 年发表在《改革》上的文章"农产品流通体系现状与优化路径选择"中我国现行农产品流通体系示意图，在此向作者谨表谢忱。

产品的运销商相连接或直接对接。产地批发商还负责向龙头企业
（农产品加工和销售企业）提供农产品；销地批发商的农产品来源
则呈现出多样化的特征，龙头企业、合作经济组织、运销商、产地
批发商，以及贩销大户都可能为其提供农产品。龙头企业（主要是
农产品加工和销售企业）的农产品的来源主要是农户、合作经济组
织及产地批发商，而后向销地批发商和销售终端提供农产品。合作
经济组织是农户的自我联合体，其农产品主要来源于农户，并向龙
头企业、运销商、销地批发市场，以及销售终端提供农产品。农产
品的贩销大户（经纪人）主要是收购农户的农产品而后向销地批发
市场或直接向销售终端提供。

（3）"农超对接"、农产品期货市场和电子商务等新型农产品
流通模式在我国农产品流通体系中还仅仅停留在尝试阶段。自2008
年年底以来，农业部和商务部发布了多个文件推动"农超对接"由
局部试点到在全国全面铺开，成为政府高层推进农产品流通现代化
的一项主要举措。"农超对接"就是着眼于通过提高农民的组织化
程度和减少中间环节实现提高农民收入、强化农产品质量安全控制
和增加消费者福利等多种政策目标。但受制于合作社的发育程度、
超市及农户的积极性、地方政府的支持力度等多方面的影响，"农
超对接"仍然在实施的广度和深度上仍有待进一步拓展，促进其成
为我国农产品流通现代化的一种主要方式。农产品期货市场和电子
商务在我国现阶段农产品流通中还仅仅是停留在小范围的尝试阶
段，并未大规模的推广应用。推进农产品期货市场和电子商务的发
展对推进我国农产流通现代化的进程意义重大。

（三）现代化的农产品流通体系及其特征——对农产品流通体系未来发展方向的探讨

农产品流通体系未来的发展方向应该是以新兴农户、适度规模

农场及其他现代化的农业生产者作为农产品生产主体，以现代化的专业农产品批发市场作为农产品流通主渠道、组织化的农产品流通主体为主要特征、农产品贩销大户（经纪人）为必要补充，并辅之以存储、加工、配送物流中心、电子结算、信息处理中心、电子商务系统等专业、完善的现代化农产品流通支持系统的全方位的、现代化的农产品流通系统（如图3-3所示）。现代化的农产品流通系统是具有中国特色农产品流通系统未来的发展方向，具有以下突出的特征：

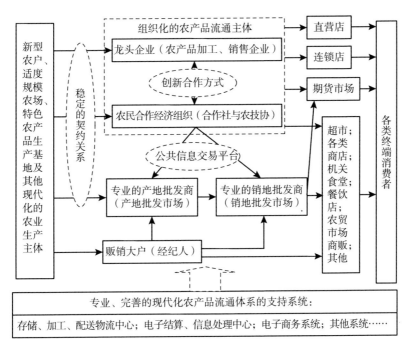

图3-3 现代化的农产品流通体系

（1）现代化的农产品流通体系中的农业生产者已不再是传统意义上分散、弱质的小农户，而是由新兴农户、适度规模农场、特色农产品生产基地及其他现代化的农业生产主体所组成的多样化的农业生产者。新型农户应是具有较高的文化素质、专业素质及现代商业意识的知识性农户。适度规模农场则是在确保家庭经营这一我国农业基本经营制度的基础上，根据地方特点引入适量社会资本，在"有偿、可控、适度"等原则下推行土地承包经营权流转所发展起来的专业大户、家庭农场。其他现代化的农业生产主体主要是排除以上两类生产者的其他现代化的生产者，如有些超市建立的农产品生产基地、组织较为紧密的农民合作经济组织等。具有现代特征、多样化的农业生产者能够保证其与各个农产品流通主体之间的契约稳定性，农产品流通主体之间契约的完善与稳定是现代农产品流通系统的主要特征。

（2）现代化的农产品流通系统仍然以现代化、专业化的农产品批发市场为主要的农产品流通渠道。由于各地自然资源禀赋存在很大的差异，因此造成优势农产品的生产带有很强的地域性特征，加之我国幅员辽阔，农产品的消费也具有显著的分散性。主要农产品的生产和消费的分散性及城乡二元经济结构，使得粮食主产向粮食主销区运送、"南菜北运""西果东送"等主要的农产品跨区域转运成为我国农产品流通的常态。因此，坚持以现代化的农产品批发市场为主渠道的农产品流通体系是保障我国农产品流通现代化的实现，以及促进整个国民经济发展的必然要求。

现代化的农产品批发市场不仅仅是之前传统意义上的批发市场，而是用现代商业意识、先进技术及完善的政策经过改造升级而成的现代农产品批发市场。第一，批发市场与现代农业生产者之间建立长期、稳定的契约以保证农产品大量、长期交易的稳定性，从而弱化农产品流通的市场风险。第二，在政策支持下，批发市场的升级改造，特别是批发市场的信息化建设，以及加工、储藏、物流配送中心等基础设施建设促进传统批发市场加快转向现代化的批发市场。第三，现代化的农产品专业批发市场不仅仅和现代农业生产者之间有农产品的交易关系，更为重要的是和组织化的农产品流通主体（主要的合作经济组织和龙头企业两类流通主体）无缝对接，通过公共信息交易平台实现农产品物流、信息流、资金流的便捷交换。第四，现代化的农产品专业批发市场不仅仅与超市、各类商店、机关食堂、餐饮店、农贸市场商贩等终端流通主体对接，还特别涉足农产品期货市场，充分发挥农产品期货市场在平抑农产品市场风险等方面的职能，真正使农产品批发市场适应现代农产品流通体系的要求。

（3）组织化的农产品流通主体是现代化的农产品流通系统的主要特征。国外发达国家和地区农产品流通现代化的实践表明，提高农户的组织化程度是促进农户融入现代农产品流通体系的通行做法和良好经验。在我国的特殊国情下，龙头企业和合作经济组织是国家层面推动农业产业化发展从而提高农户组织化水平的"顶层设计"。这两种尝试在中国农产品流通的历史演变过程中都取得了一定的成效，但也都存在着一些问题。

鼓励这两类农产品流通组织的发展，并探索和创新这两类组织的有效联合以取长补短。具体的做法如下：一是在对龙头企业加强监管的基础上，鼓励龙头企业领办或参与创建各类合作经济组织；二是支持各类合作经济组织创办或参与龙头企业，可以通过合作社与龙头企业的投资入股、产权置换等方式来实现，实现这两类组织的深度融合；三是鼓励两类组织采取股份分红、利润返还等形式将收益向对方组织返还一定比例，以强化两类组织的合作。

组织化的农产品流通主体通过现代化的农产品流通系统中的公共信息交易平台与专业化的农产品批发市场对接，可以大大提高农产品批发市场的运营效率。此外，组织化的农产品流通主体不仅与超市、各类商店、机关食堂、餐饮店、农贸市场商贩等终端流通主体对接，还大力开展农产品直营店和连锁店，提高了农产品流通的标准化程度、缩短了农产品流通环节和提高了农产品流通效率。还要特别鼓励两类组织化的农产品流通主体，其利用农产品期货市场开展套期保值，进行农产品流通的风险管理，促进了农产品流通组织向现代企业化运营方向发展。

（4）农产品贩销大户（经纪人）是现代化的农产品流通体系的必要补充。尽管现代化的农产品流通系统中，农产品批发市场和组织化的农产品流通主体覆盖了绝大部分农产品流通的通路，但是仍然需要贩销大户（经纪人）作为现代农产品流通体系的有力补充。

（5）专业、完善的农产品流通配套系统是现代化农产品流通体系的重要支撑。现代化的农产品流通体系离不开一些农产品流通基础支撑系统配合，如农产品存储、加工、配送物流中心，农产品的电子结算、信息处理中心，农产品电子商务系统，以及其他现代化农产品的信息系统。

三、本章小结

本章主要从农产品流通体制演变和流通体系演变两个角度审视了我国农产品流通的历史与现实。

首先，基于农产品流通体制演变的角度，本章系统梳理了1949年以来粮棉等大宗农产品、果蔬等生鲜农产品、肉禽蛋类农产品流通体制的历史演进过程。1949年以来，粮棉等大宗农产品大致经历了自由购销体制阶段（1949～1952年）、统购统销阶段（1953～1984年）、统购统销的松动及市场化的尝试阶段（1985～1997年）以及政府指导下的市场化进程（1998年以来）等几个阶段。而果蔬等生鲜农产品则经历了短暂的自由购销体制阶段（1949～1951年）、以国营商业企业经营为主的计划流通阶段（1952～1973年）、

产销"大管小活"阶段（1978～1984 年）、"定购包销"阶段
（1985～1991 年）以及自由市场流通（1992 年以来）等几个阶段。
肉禽蛋类农产品则大致经历了自由购销为主的流通阶段（1949～
1954 年）、政府"派购"阶段（1955～1984 年）、由计划调节向市
场调节过渡阶段（1985～1991 年）及自由购销（1992 年以来）等
几个阶段。

其次，本章还对我国农产品流通体系的历史演变、现状特征及
未来方向做了简要探讨。本章依次探讨了计划经济体制下的农产品
流通体系及其特征、当前市场化的农产品流通体系及其特征，以及
未来现代化的农产品流通体系及其特征。计划经济体制下的农产品
流通体系是我国计划经济体制背景下的特殊产物，具有以下特征：
（1）整个农产品流通体系虽然具有强烈的"计划"色彩，但在不
同的时期，国家对不同农产品种类的干预程度却呈现出明显的差异
性；（2）该体系中的农业生产者是具有浓厚行政色彩国营农场、各
农村生产队、高级农业社，以及 1953 年农业社会主义改造之前的
农户等农业生产主体；（3）国家根据农产品的差异性采取不同的农
产品流通系统实施流通职能；（4）该体系在我国农产品流通的历史
演进过程中并不是一成不变的，而是在适应市场变化和国家政策调
整的背景下不断变化。

市场化的农产品流通体系刻画的是当前的我国农产品流通系
统，具有以下特征：（1）农户、适度规模的大户及其他农业者是当
前我国市场化农产品流通系统中的主要农业生产者；（2）以批发市
场、龙头企业、合作经济组织、贩销大户为主体的流通，以及农户
直销是当前市场化的农产品流通体系的主要方式；（3）"农超对
接"、农产品期货市场和电子商务等新型农产品流通模式在我国农
产品流通体系中还仅仅停留在尝试阶段。

现代化的农产品流通体系是我国农产品流通体系未来的发展方

向，其主要特征有：（1）现代化的农产品流通体系中的农业生产者已不再是传统意义上分散、弱质的小农户，而是由新兴农户、适度规模农场、特色农产品生产基地及其他现代化的农业生产主体所组成的多样化的农业生产者；（2）现代化的农产品流通系统仍然以现代化、专业化的农产品批发市场为主要的农产品流通渠道；（3）组织化的农产品流通主体是现代化的农产品流通系统的主要特征；（4）农产品贩销大户（经纪人）是现代化的农产品流通体系的必要补充；（5）专业、完善的农产品流通配套系统是现代化农产品流通体系的重要支撑。

第四章

我国农产品流通渠道演进的
数量考察：环境视角

一、引　　言

　　农产品流通渠道是农产品从生产者经中间商到消费者的整个流通通路，其长度刻画的是农产品流经的层级数量。改革开放以来，农产品流通渠道从国家严格控制到逐步放开，从单一业态到多种业态并存（李崇光等，2015），其结构和模式伴随着外部环境的变化发生着复杂而深刻的变革。近年来，农产品市场呈现出"电商化""期货化""能源化""金融化"等新趋势，使得农产品流通渠道也表现为新型渠道和传统渠道交织并存的发展态势，农产品流通效率和效益也在逐渐提升。然而，农产品流通中的一些固有问题，如市场主体发育程度低、流通基础设施发展滞后、农产品流通方式落后，以及政策制度保障乏力等问题仍未得到根本解决（刘天军等，2013）。因此，探索农产品流通渠道长度变革及其环境驱动因素，对于预测农产品流通渠道未来的变革方向以指导农产品流通实践，以及探索构建更加高效的农产品流通政策设计与制度安排具有重大的理论意义和现实意义。

一直以来，探索和总结农产品流通渠道的演变规律与发展趋势是农产品流通研究的主要任务之一（赵晓飞、田野，2016），而识别和解释农产品流通渠道变革的影响因素又是农产品渠道变革研究的重中之重。学者们对农产品流通渠道变革的研究主要集中于以下两个方面：一是对农产品渠道变革影响因素的研究。赵晓飞和李崇光（2012）通过构建农产品流通渠道变革驱动力模型，利用企业层级的调研数据实证检验了外部因素和内部因素对农产品流通渠道变革的影响，研究结果表明经济、法律、文化、消费者购买模式、新技术、新方式等外部因素，以及渠道权力、交易成本、价值链等内部因素均对农产品流通渠道变革有着正向影响。霍普纳（Hoppner J. J.，2015）、沃森、沃姆和帕索玛杰等（Watson G. F.，Worm S & Palmatier R. W. et al.，2015）及克拉夫、戈茨和曼特拉等（Krafft M.，Goetz O. & Mantrala M. et al.，2015）的综述性文献表明对流通渠道变革动力机制的文献主要集中于探讨内部的效率、效益、权力、关系对渠道变革的影响。张赞和张亚军（2011）主要阐述了农业综合生产能力、消费需求变化和消费方式改变对农产品渠道终端变革的影响。刘刚（2014）则认为政策法律的推动、消费者购买模式的改变、新技术与新方式的引入、终端渠道力量的加强是鲜活农产品流通模式变迁的主要驱动因素。二是对农产品渠道变革趋势或方向的研究。赵晓飞和李崇光（2012）从宏观层面梳理和总结了农产品流通渠道的变革规律，认为农产品流通渠道在渠道战略、渠道结构、渠道关系、渠道职能、渠道主体、渠道运作、渠道终端、交易方式、渠道环境等方面均会发生较大变化。李崇光和宋长鸣

（2016）则认为果蔬流通渠道变革的方向是流通的市场化。考夫兰和拉尔（Coughlan A. T. & Lal R.，1992）认为伴随着市场竞争状况和市场结构的变化，以及经济发展水平的提升，流通渠道会越来越趋向于功能专业化，这将会使渠道成员增加、渠道变长、渠道系统更复杂；而岛口和拉泽（Shimaguchi M. & Lazer W.，1979）的研究却发现，日益激烈的市场竞争也使得流通渠道成员联盟和功能整合的常态化，使渠道变得更短以适应不断变化的市场环境。更多学者认为流通渠道长度会随着经济发展呈"倒 U 型"演进，即渠道长度随着经济的发展先变长，在经济发展到一定阶段后渠道长度会随着经济的发展变短（Jaffe E. D. & Yi L.，2007；胡华平，2011）。

现有文献为农产品流通渠道变革等相关问题的研究提供了整体性框架，但也存在一些不足。从研究视角来看，缺乏对农产品流通渠道变革宏观层面的量化研究，当前有关农产品流通渠道变革的研究主要以微观层面的研究为主，宏观层面研究的文献偏少，该领域的定量文献更是少见；从研究内容来看，缺乏对农产品流通渠道变革外部环境动因的定量研究，当前对农产品流通渠道变革动力机制的探讨主要集中于内部的效率、效益、权力、关系等，而对外部环境如何影响农产品流通渠道变革缺乏足够的重视；从研究结论来看，现有对农产品流通渠道变革方向和演变规律的研究并未取得一致的结论。尤其值得注意的是，流通渠道长度是刻画渠道变革的重要变量，在渠道变革文献中被广泛采用（Sharma A. & Dominguez L. V.，1992；Jaffe E. D. & Yi L.，2007），但几乎没有见到在农产品流通变革研究中的运用。本章旨在从宏观层面识别和解释影响农产品流通渠道长度演变的外部环境因素，探讨各种环境因素在推动农产品流通变革过程中所扮演的角色，从而归纳和总结农产品流通渠道长度的变革方向和演变规律。

二、理论框架与研究假设

（一）理论框架

学者们对流通渠道变革及其动因的研究主要是从影响因素角度展开，只有夏尔马和多明格斯（Sharma A. & Dominguez L. V.，1992）及杰斐和凌翼（Jaffe E. D. & Yi L.，2007）两篇文献提出了流通渠道变革（非农产品流通）的分析框架，并尝试性开展过实证研究，而将该框架尝试用于农产品流通渠道研究领域的只有胡华平（2011）。本章的实证框架主要来自于对上述三篇代表性文献中分析框架的拓展。

夏尔马和多明格斯（Sharma A. & Dominguez L. V.，1992）曾经从流通环境的角度提出了一个渠道变革的分析框架，并利用该框架定性论述了经济发展水平、购买习惯、组织文化、流通政策、城市化水平对流通渠道变革的影响。杰斐和凌翼（Jaffe E. D. & Yi L.，2007）在夏尔马和多明格斯（Sharma A. & Dominguez L. V.，1992）分析框架的基础上，构建了一个模型实证研究了中国分销渠道长度变革的影响因素，他们采用多元回归的研究方法研究了经济发展水平、消费者的延拓性、城市化水平、政府政策、生活必需品消费的比重对中国流通渠道长度的影响。研究结论显示，中国分销渠道长度与经济发展水平之间呈现出"倒 U 型"关系，即渠道长度先变长在变短；与消费者的延拓性、城市化水平、政府政策呈现出正相关关系，与生活必需品消费的比重呈现出负相关关系。胡华平（2011）在借鉴杰斐和凌翼（Jaffe E. D. & Yi L.，2007）研究框架的基础上，实证检验了经济发展、运输条件、城市化率、消费结构、外商投资、公共政策对农产品流通渠道变革的影响，研究结果显示非竞争性市场中的农产品渠道长度与经济发展水平正相关，而在竞争性市场中为负相关；农产品流通渠道长度与运输条件、城市化率、消费结构、公共政策等负相关，而与外商投资正相关。赵晓飞和李崇光（2012）基于截面数据采用结构方程模型验证了经济法律文化变化、购买模式、新技术、渠道权力、交易成本、价值链对农产品流通渠道变革的影响，研究结果表明上述因素的影响皆为正。本章在借鉴前人研究框架的基础上（Sharma A. & Dominguez L. V.，1992；Jaffe E. D. & Yi L.，2007；胡华平，2011），从外部环境角度构建了以下的农产品流通渠道长度变革动因的理论模型（如图 4-1 所示）。

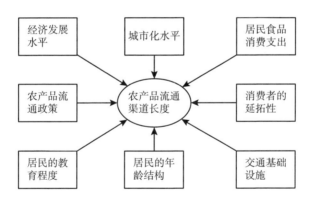

图 4-1 外部环境对农产品流通渠道长度影响的理论模型

（二）研究假设

1. 经济发展水平与农产品流通渠道变革

很多学者都认为经济发展水平与农产品流通渠道变革之间存在着

某种关系（Coughlan A. T. & Lal R.，1992；Sharma A. & Dominguez L. V.，1992；Jaffe E. D. & Yi L.，2007；胡华平，2011）。（1）一些学者认为流通渠道会随着经济发展变长。威蒂那瑞契（Wadinambi-aratchi，1967）搜集了8个发展中国家的面板数据，采用实证的方法研究了流通渠道伴随经济增长的情况。研究发现，由于渠道功能的分离、大规模零售业态出现，以及传统商人角色地位下降等原因，流通渠道随着经济的发展会变得越来越长。麦奎尔和施特林（McGuire & Staelin，2008）采用实证的研究方法研究了美国样本企业的渠道情况，结论表明随着经济的发展，美国企业的流通渠道逐渐变长。考夫兰和拉尔（Coughlan & Lal，1992）采用博弈论模型构建了渠道长度与产品竞争优势度之间的函数关系，研究结论显示渠道长度随着经济发展变长。持有类似看法的还有巴克林（Buck-lin，1970）等。（2）还有一些学者认为流通渠道会随着经济发展变短。利维塞和波特（Livesay & Porter，1969）采用比较法研究了美国采用纵向一体化的公司和没有实行一体化的公司的渠道演变情况，研究结论认为随着激烈竞争和开放的市场使得制造商不断前向一体化、消费者需求变化及消费者信贷出现，流通渠道随着经济的发展会变得越来越短。固岛和拉泽（Shimagushi & Lazer，1979）利用对日本人和国外驻日本经理人员的访谈资料进行定性研究，研究发现渠道长度随着经济发展缩短。持有类似看法的还有普雷斯顿（Preston，1970）等。（3）更多的学者则认为流通渠道会随着经济发展呈"倒U型"演进，即先变长再变短，在发展程度不同的经济体中演进的方式不同。弗尔曼和里格霍普（Forman & Riegelhaupt，1970）通过对巴西北部食品生产和分销的追踪研究，发现渠道长度随着经济发展呈"倒U型"演进。莱顿（Layton R. A.，1989）采用对澳大利亚和爪哇之间的贸易流时间序列数据实证研究了农产品流通渠道与经济水平之间的关系，研究发现渠道长度随着经济发展先变长再变短，呈"倒U型"演进。（4）除此之外，还有少数学者认为流通渠道演进与经济发展水平之间没有关系，这一观点的代表人物有道格拉斯（Douglas，1971）。他利用6个国家的数据，采用实证的方法研究了流通渠道和经济水平之间的关系，研究结论表明流通渠道与经济发展没有相关关系。

而有些学者认为经济发展水平与农产品流通渠道的关系，在不同外部环境下，具有不同的表现形式。夏马尔和多明格斯（Sharma A. & Dominguez L. V.，1992）则认为流通渠道变革是经济发展的函数，他们进一步研究发现，在发达国家流通渠道长度随着经济的发展而变短，而在发展中国家则会变长。杰斐和凌翼（Jaffe E. D. & Yi L.，2007）通过对中国分销渠道变革动因的实证研究发现，随着经济的发展，中国宏观分销渠道长度呈现先变长再变短的"倒U型"演变趋势，其中1994年是中国宏观分销渠道长度由长变短的拐点。胡华平（2011）通过对五大类农产品渠道长度与经济发展之间的关系进行实证研究，结论显示粮食和水产品流通渠道的长度与经济发展水平呈正相关关系，而蔬菜、水果和肉禽蛋流通渠道的长度与经济发展水平呈负相关关系，并认为在竞争和非竞争性农产品市场中，农产品流通渠道长度与经济发展之间的关系是不同的；通过对1981～2008年五大类农产品流通渠道长度的经验观察，五大类农产品流通渠道长度已经显现出"倒U型"的演变特征。

中国当前的现实是区域之间经济发展极不平衡，一些地区已经接近中等发达国家的水平（如长三角地区），而一些地区却还有相当多的人在贫困线以下（如西部一些地区）。由于经济发展水平的差异，农产品流通渠道呈现出长渠道和短渠道并存以适应不同经济水平的消费需求。因此，很难笼统给定一个农产品流通渠道长短的结论。由此，提出假设：

假设1：在经济发展较低水平下，农产品流通渠道长度与经济

发展水平正相关；在经济发展到一定水平后，农产品流通渠道长度
与经济发展水平负相关。

2. 城市化水平与农产品流通渠道变革

中国的城市化进程使得城市人口急剧扩张，扩大了城市原有市
场的规模，城市逐渐成为农产品消费的主要市场。城市人口的聚
集、城市化水平的提升使得城市分销商成本更小，从而对农产品的
交易成本具有显著的影响（Sharma A. & Dominguez L. V.，1992）。
在城市市场竞争的格局之下，中间商会逐步开始纵向和横向联合，
实现规模经济以应对市场竞争。在这种背景之下，大城市会逐渐形
成大的分销商，他们既有能力越过中间商直接从生产者那里采购，
也有能力越过下级分销商建立自己的卖场（便利店、超市、连锁店
等），从而使得交易成本降低，渠道变短。因此，提出如下假设：

假设2：城市化水平越高，农产品流通渠道越短。

3. 居民食品消费支出与农产品流通渠道变革

食品消费支出占总消费的比重不仅反映了居民所处的经济地
位，更重要的是反映了居民对农产品消费的重视程度。食品消费支
出越高，反映出居民对农产品消费的依赖性越强，对农产品价格也
就更为敏感；反之亦然。而农产品分销环节的多寡在很大程度上会
影响终端农产品的价格，因此一个国家或地区整体食品消费支出也
会对农产品流通渠道的长度产生重要影响。一般而言，食品消费支
出越高的居民，越有可能通过不断比较而选择价格更优惠的采购渠
道，从而使得短渠道商由于价格优势而更受青睐。由此，提出如下
假设：

假设3：食品消费支出比重越大，农产品流通渠道越短。

4. 消费者的延拓性（Consumer Outreach）与农产品流通渠道变革

消费者的延拓性（Consumer Outreach）概念是由戈德曼（Goldman A.，1974）提出，它被用来反映"突破传统领地和活动的消费者能力和意愿"。在杰斐和凌翼（Jaffe E. D. & Yi L.，2007）的研究中将其定义为消费者所能到达的最大消费区域，即消费者购物的覆盖范围，也有研究者称之为购物的便利性。如果消费者的延拓性越强，则越可能突破自身周围的渠道的限制，大大增加购买的选择性，这将对传统农产品的销售终端（如农贸市场）产生较大的影响。一个地区的大型消费业态（如超市、折扣店）可能会吸引更多、更远地区的农产品采购者，从而对农产品便利店、小型卖场形成挤压。也就是说，消费者的延拓性可能会改变消费者的购物习惯。

1990 年以前，中国居民主要的出行方式是以公共交通为主，而最近几年私家车逐步走进平民的家庭，这也使得消费者的延拓性大大提高。交通更加便利，使得不再需要通过层层分销把农产品送到消费者的家门口，对农产品流通渠道的长度和密度的要求降低。因此，提出如下假设：

假设 4：消费者的延拓性越高，农产品流通渠道越短。

5. 交通基础设施与农产品流通渠道变革

农产品本身具有易腐、不易储藏等特点，这种特性在很大程度上影响着农产品的价值。农产品的交通基础设施会对农产品流通渠道的效率产生显著影响，不断改善的交通基础设施会使农产品流通更加快捷和顺畅，从而带来农产品流通的大变革。由此，提出如下假设：

假设5：交通基础设施越完善，农产品流通渠道越短。

6. 文化因素与农产品流通渠道变革

文化因素会影响流通技术、流通政策和制度的采用，从而影响农产品流通渠道变革。由于文化因素包含内容很丰富，探讨文化因素对流通的影响面临较大的难度，已有少量文献研究了购物习惯和组织文化对流通渠道的影响（Sharma A. & Dominguez L. V.，1992）。借鉴前人研究，本书采用居民特征来间接刻画文化因素，重点关注居民年龄结构和教育程度两个变量对农产品流通渠道变革的影响。居民的年龄结构和教育程度会影响居民对农产品采购渠道的选择，年龄较大的居民对价格较敏感，从而更可能去选择短渠道商。教育程度越高的居民对价格的敏感性大大降低，更容易选择购物环境和食品安全性更有保证的超市而非农贸市场。在当下中国，超市的主要进货渠道是"直采"，而农贸市场主要是通过批发市场采购，超市渠道短于农贸市场。因此，提出如下假设：

假设6：居民的老龄化程度越低，农产品流通渠道越短。

假设7：居民的教育程度越高，农产品流通渠道越短。

7. 政府的农产品流通政策与农产品流通渠道变革

农产品流通政策在农产品流通渠道的变革中扮演着重要的角色，不仅调节着渠道内部成员之间的关系，也通过渠道外部环境作用于整个农产品流通体系。在过去的二十年里，中国农业获得了巨大的发展，农产品开始由短缺转为相对过剩，农产品面临严重的需求不足（李崇光，2004）。在此背景之下，中国开始逐步调整农产品的流通政策，并放开一些农产品市场。在过去很长的一段时间里，由于农产品短缺，中国的农产品流通全部是由国家控制，农产品流通渠道的建立并不是服务于经济功能，而是服务于国家的政治功能（Qiang & Harris，1990）。

改革开放以来，农产品流通政策呈现突出的阶段性特征（郑鹏，2012）：统购统销体制的松动和市场化流通体制的起步阶段（1979～1984年）；"双轨制"解体和农产品市场化的探索阶段（1985～1991年）；农产品流通的全面市场化和规范化阶段（1992～2000年）；农产品流通改革的深化阶段（2001年至今）。

改革开放以来的几次农产品流通体制政策的调整，实质上是农产品流通政策逐步市场化的过程。从经济学的角度来看，渠道变革实际上是渠道资源在渠道系统的重新配置，而历次的农产品流通体制改革势必会影响农产品流通系统的竞争结构，也会对农产品系统内部资源配置带来重大影响。因此，提出如下假设：

假设8：农产品流通政策的市场化导向越强，农产品流通渠道越短。

三、实证研究设计

（一）变量测度

1. 农产品流通渠道变革的测量

流通渠道是通过渠道长度、宽度、密度，以及渠道成员的功能等来刻画的，因此流通渠道长度、宽度、密度及渠道功能的变化可以看作是渠道的变革。许多流通研究文献都把流通渠道长度视为刻画流通渠道结构的简洁变量（Layton R. A.，1989；Sharma A. & Dominguez L. V.，1992；Jaffe E. D. & Yi L.，2007；胡华平，

2011）。国家层面的农产品流通渠道长度应该是所有农产品流通渠道长度的叠加，而农产品由于自身种类繁多及体制等因素的原因而致使不同种类的农产品渠道千差万别，因此对宏观层面的农产品营销渠道长度的精确测度是困难的。

在已有的研究文献中，间接测量和代替测量已经被广泛使用（Layton R A.，1989；Sharma A. & Dominguez L. V.，1992；Samiee，1993；Jaffe E. D. & Yi L.，2007；胡华平，2011）。莱顿（Layton R A.，1989）基于贸易流选择中间商交易额占终端交易额的比率来刻画流通渠道长度，他将这种方法运用于澳大利亚和爪哇的实证研究并取得了令人信服的结论。胡华平（2011）在中国农产品流通渠道变革的研究中沿用了这一测量尺度。夏尔马和多明格斯（Sharma A. & Dominguez L. V.，1992）则建议用生产商直接销售额叠加占总销售额的百分比来反映越过中间商的程度，以此来刻画流通渠道的长度。杰斐和凌翼（Jaffe E. D. & Yi L.，2007）采用了批发商交易额与生产商交易额的比率刻画流通渠道长度。鉴于农产品宏观层面渠道长度测度的困难性及前人研究的有效性，本书仍然采用前人对营销渠道长度的间接测量方法，即使用农产品市场交易额占农产品贸易流的比率来显示中间商在渠道系统中的地位。

2. 经济发展水平的测量

经济发展的涵盖面很广，不同的研究者根据资料的可获得性、测量的准确性和自己研究的需要，采取了不同的测度经济发展程度的方法。每千人拥有的电话数量、每千人拥有的电视机数量、农业从业人员和工业从业人员占整个社会从业人员的比重、工业产值占整个 GDP 的比重、人均能源消耗量、人均 GDP 等都曾被相关研究人员作为测量经济发展程度的指标（Sharma A. & Dominguez L. V.，1992）。

人均 GDP 被认为是最简单的测量经济发展的方法，世界银行曾用它来测量一个国家的经济发展水平（World Bank，1990）。杰斐和凌翼（Jaffe E. D. & Yi L.，2007），胡华平（2011）对中国流通渠道变革的研究也采用世界银行的测度方法，得出了令人信服的研究结论。本书也采用人均 GDP 来衡量经济发展水平。

3. 城市化水平的测量

尽管精确测量城市化水平，存在较大的难度，但是联合国和其他一些研究机构都有类似的一套粗略的测量方法，即采用一个国家或地区城市人口占总人口的比重来表示。这种方法得到了学术界的广泛认同（Sharma A. & Dominguez L. V.，1992；Jaffe E. D. & Yi L.，2007；胡华平，2011）。本书也沿用这一测量方法。

4. 居民食品消费支出的测量

对居民食品消费支出的测量方法已经比较成熟了，最简单有效的方法就是采用恩格尔系数，本书沿用这一测量方法。

消费者延拓性的测量。消费者的延拓性与一个地区交通工具的发展程度高度相关，杰斐和凌翼（Jaffe E. D. & Yi L.，2007）在自己的研究中，采用人均公共交通和私人轿车座位数来测量消费者延拓性的程度。在中国除了公共交通和私人轿车以外，还有为数众多的其他机动车辆也被用来作为交通工具。因此，本书采用民用汽车的数量刻画消费者的延拓性。

5. 交通基础设施的测量

本书对交通基础设施的测量沿用胡华平（2011）的度量方法，采用铁路和公路里程之和来共同度量交通基础设施。

6. 文化因素的测量

本书借鉴前人研究采用居民年龄结构和教育程度两个维度指标从居民的农产品购物习惯角度度量文化因素（Coughlan A. T. , Lal R. , 1992）。居民的年龄结构主要采用"老龄化"来刻画，选取的数据是全国 65 岁及上人口占总人口的比重；居民的教育程度主要采用"高等教育人口占比"来刻画，选取的数据是全国大专及以上人口占总人口的比重。

7. 农产品流通政策的测量

政府对农产品市场干预的政策很难度量，是因为根本无法测量政府出台的这些具体政策的潜在影响。但是很多有关政策的研究文献（Jaffe E. D. & Yi L. , 2007；胡华平，2011）提出了一种有效的测量方法，即采用虚拟变量的方式来度量不同时期政策调整所产生的影响。因此，本书也将用虚拟变量来测度农产品政策调整对农产品流通渠道的影响。

综上所述，变量具体的测量方法和预期方向如表 4 - 1 所示：

表 4 - 1　　　　　　　变量的测量方法与预期方向

变量	变量说明与测量方法	预期方向
农产品流通渠道长度（Y）	国内市场交易额/国内贸易总额	
经济发展水平（X_1）	人均 GDP	先 + ，再 -
城市化水平（X_2）	城市化率	-
居民食品消费支出（X_3）	恩格尔系数	-
消费者延拓性（X_4）	民用汽车拥有量	-
交通基础设施（X_5）	铁路里程数 + 公路里程数	-
居民的年龄结构（X_6）	全国 65 岁及上人口占总人口的比重	+
居民的教育程度（X_7）	全国大专及以上人口占总人口的比重	-

变量	变量说明与测量方法	预期方向
农产品流通政策（X_8）	虚拟变量（"1981～1984 年"取 1；"1985～1991 年"取 2；"1992～2000 年"取 3；"2001～2014 年"取 4）	—

（二）数据来源及变量的描述性统计

1. 数据来源及说明

我们搜集了 1981～2014 年全国的人均 GDP 数据，城市化率，恩格尔系数，民用汽车拥有量、铁路和公路里程数、老龄化人口比重，高等教育人口比重及农产品流通市场的数据资料（包括农产品批发总额和农产品生产总额）（限于篇幅具体数据不在正文报告）。这些数据主要来源于中国官方公布的统计年鉴，包括《中国统计年鉴》《中国商业年鉴》《中国贸易外经统计年鉴》《中国商务年鉴》《中国商品交易市场统计年鉴》《中国商业与外贸统计年鉴》《中国内贸市场统计年鉴》《中国交通统计年鉴》《中国人口统计年鉴》《新中国六十年统计资料汇编》《新中国六十五年》等。

2. 变量的描述性统计

表 4-2　　　　　　　　变量的描述性统计

	均值	中位数	最大值	最小值	标准差	偏度	峰度
农产品渠道长度	0.3344	0.3713	0.5350	0.1150	0.1142	-0.3164	2.1397
经济发展水平	11727.1000	6646.0000	46629.0000	493.0000	13538.1000	1.3110	3.5210

	均值	中位数	最大值	最小值	标准差	偏度	峰度
城市化水平	0.3513	0.3263	0.5477	0.2016	0.1075	0.3862	1.8026
居民食品消费支出	0.4820	0.4995	0.5965	0.3636	0.0787	−0.0858	1.4004
消费者延拓性	2976.8000	1269.2000	14598.1000	199.1400	3824.9700	1.7294	4.9666
交通基础设施	206.2000	131.8000	457.5700	95.1400	131.5100	0.8663	1.9989
居民的年龄结构	0.0686	0.0660	0.1010	0.0450	0.0151	0.4350	2.2271
居民的教育程度	0.0405	0.0277	0.1153	0.0058	0.0337	0.9128	2.6468
农产品流通政策	2.9706	3.0000	4.0000	1.0000	1.0585	−0.5638	2.0460

（三）实证模型的设定

为了消除异方差和序列的非平稳问题，本书采用对数形式的多元回归模型进行验证，具体的模型形式如下：

$$Y_t = \beta_0 + \beta_1 \mathrm{Ln} X_{1t} + \beta_2 \mathrm{Ln} X_{2t} + \beta_3 \mathrm{Ln} X_{3t} + \beta_4 \mathrm{Ln} X_{4t} + \beta_5 \mathrm{Ln} X_{5t}$$
$$+ \beta_6 \mathrm{Ln} X_{6t} + \beta_7 \mathrm{Ln} X_{7t} + \beta_8 \mathrm{Ln} X_{8t} + \varepsilon_t$$

其中 Y_t 是在 t 年的农产品流通渠道的长度，X_{1t-8t} 分别是在 t 年对应的经济发展水平、城市化水平、居民食品消费支出、消费者延拓性、交通基础设施、居民的年龄结构、居民的教育程度和农产品流通政策等环境变量。β_{1-6} 分别是对应环境变量的参数，表明对应环境变量对农产品渠道长度影响的方向和程度。ε_t 是随机扰动项。

四、实证结果分析

（一）对假设1的检验

本书采用农产品流通渠道长度与人均GDP的二次函数回归方程来检验假设1，检验结果如下：

$$Y = 0.226883 + 1.98 \times 10^{-5}X_1 - 3.96 \times 10^{-10}X_1^2$$

$$(t = 5.171109) \quad (t = -4.407425)$$

$$(p = 0.0000) \quad (p = 0.0001)$$

$R^2 = 0.497474$，Adjusted $R^2 = 0.465053$，$F = 15.34417$，Prob $(F - \text{statistic}) = 0.000023$

从回归方程的假设检验各指标值可以看出，农产品流通渠道长度（Y）与人均GDP（X_1）二次函数关系通过了方程和参数的假设检验。该回归方程的二次项系数为负（-3.96×10^{-10}）表明该二次函数图形的开口向下（如图4-2所示），也即意味着随着经济的发展，农产品流通渠道长度先变长，在经济发展到某个水平后，随着经济的发展农产品流通渠道长度再变短。由此，验证了假设1。

通过1981~2014年农产品流通渠道长度的演变趋势图（如图4-2所示），也从经验上印证了假设1。由图4-2可知，伴随着经济的不断发展，农产品流通渠道的长度先变长，再变短，呈现出明显的"倒U型"演变趋势。具体而言，1981~2014年农产品流通渠道长度的演变具有以下特点：（1）农产品流通渠道的长度呈现明显的阶段性特征，期间有两个明显的拐点分别是2000年和2009年。（2）2000年之前的农产品流通渠道的长度不断变长，而在

2001～2009 年又逐年变短，从 2010 年开始农产品流通渠道的长度开始进入小幅波动期。

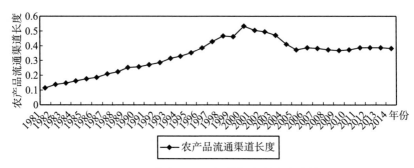

图 4-2　农产品流通渠道长度的演变趋势

　　造成这种变化趋势的原因可能是：（1）农产品流通的外部环境变迁导致了农产品流通渠道长度呈现出"倒 U 型"变化趋势。在过去的三十年里，农产品流通的外部环境发生了巨大变化，经济水平和城市化水平不断提升、居民食品消费支出不断降低、居民消费模式与购买方式持续变化、居民老龄化程度和教育水平不断提高、流通基础设施不断改善，流通政策持续调整。外部环境的变化势必造成农产品流通渠道的变革，正是由于外部环境各个因素在不同时期对农产品流通渠道的影响方向和程度不同，因而外部环境的叠加影响导致农产品流通渠道演变呈现阶段性特征。（2）外部环境变量中，流通政策的持续"松绑"对农产品流通的影响可能更为直接。在过去的三十年里，农产品流通政策的市场化导向逐渐明晰，基本形成了"严格管控—市场化尝试—全面市场化和规范化—持续鼓励和推动"等几个阶段。政策的导向性引致了农产品流通系统内部成员之间权力和关系的演变，同时也改变着渠道系统的外部环境，从而影响着农产品流通渠道结构和模式的变革。

（二）对其他假设的检验

由表 4 – 3 可知，居民食品消费支出（X_3）、消费者延拓性（X_4）、交通基础设施（X_5）、居民的老龄化程度（X_6），以及农产品流通政策的市场化导向（X_8）均在 0.05 的显著性水平上通过了假设检验；城市化水平（X_2）和居民的教育程度（X_7）均未能通过假设检验。具体分析如下：

第一，居民食品消费支出、消费者延拓性、交通基础设施，以及农产品流通政策的市场化导向均对农产品流通渠道的长度存在着负效应，而居民的老龄化程度对农产品流通渠道的长度却表现出显著的正效应，与已有文献结论一致。具体而言，居民食品消费支出越大，消费者延拓性越高、交通基础设施越改善、农产品流通政策的市场化导向越强，产品流通渠道越短，而居民的老龄化程度越高，农产品流通渠道越长。

第二，城市化水平和居民的教育程度对农产品流通渠道的长度没有显著影响。城市化水平对农产品流通渠道的长度没有显著影响的原因可能是：农产品的购买行为带有很强的习惯性，随着城市化水平的提高，居民在农产品采购渠道的选择上却没有表现出明显的差异，这一特征与东亚文化圈的一些城市化程度很高的国家和地区（如日本、台湾地区）非常相似。居民受教育程度对农产品流通渠道的长度没有显著影响的原因可能是：本书采用的测量尺度是"全国大专及以上人口占总人口的比重"，尽管近年来全国大专以上人口绝对量不断攀升，但和全国总人口相比这一比例仍然偏小。相对于其他环境变量来说，其对农产品流通渠道变革的影响并不明显。

表4-3 回归分析结果

变量	系数	标准误	t统计量	P值	假设检验结论
C	2.350789	0.806338	2.915389	0.0074	
$LOG(X_1)$	0.242763	0.028773	8.437294	0.0000	通过
$LOG(X_2)$	-0.159967	0.387757	-0.412544	0.6835	未通过
$LOG(X_3)$	-0.663571	0.173096	-3.833543	0.0008	通过
$LOG(X_4)$	-0.268480	0.050887	-5.275951	0.0000	通过
$LOG(X_5)$	-0.223120	0.049288	-4.526841	0.0001	通过
$LOG(X_6)$	0.543694	0.248561	2.187362	0.0383	通过
$LOG(X_7)$	0.045765	0.077868	0.587722	0.5620	未通过
$LOG(X_8)$	-0.035348	0.265433	-2.289816	0.0168	通过
模型拟合度	$R^2 = 0.972621$；$F-statistic = 111.0141$；$Prob(F-statistic) = 0.00000$				

第三，从外部环境看，未来农产品流通渠道变革的演进方向，取决于各环境变量对农产品流通渠道的作用方向和影响程度。从作用方向来看，随着居民食品消费支出比例的降低和居民老龄化程度的提高，农产品流通渠道会逐年变长；而且随着消费者延拓性提高、交通基础设施的不断改善、越来越市场化的农产品流通政策会导致农产品流通渠道逐年变短。从影响程度来看，各环境变量对农产品流通渠道变革的影响程度依次为居民食品消费支出（0.6636）、居民的老龄化程度（0.5437）、消费者延拓性（0.2685）、交通基础设施（0.2231）、农产品流通政策（0.0353）。鉴于各环境变量对农产品流通渠道变革作用方向和影响程度的差异性，未来农产品流通渠道变革的演变还将呈现一定程度的波动特征。

五、本 章 小 结

（一）研究结论与政策建议

本章构建了一个外生的理论模型，对 1981～2014 年农产品流通渠道的演变趋势及其外部环境动因开展了实证研究，得出了以下研究结论：

第一，农产品流通渠道变革呈现出明显的阶段性特征，表现为"倒 U 型"演变趋势：其渠道长度在 2000 年之前逐渐变长，2001～2009 年逐渐变短，2010 年以来又呈现小幅波动的特征。这种变化特征与农产品流通领域的外部环境和政策调控紧密相关。通过构建二者之间的二次回归模型，也证实了这一关系。

第二，居民食品消费支出、消费者延拓性、交通基础设施，以及农产品流通政策的市场化导向对农产品流通渠道的长度具有显著的负效应，而居民的老龄化程度对农产品流通渠道的长度却表现出显著的正效应；城市化水平和居民的教育程度对农产品流通渠道的长度没有显著影响。

第三，鉴于各环境变量对农产品流通渠道变革作用方向和影响程度的差异性，未来农产品流通渠道变革的演变还将呈现一定程度的波动特征。

根据以上实证研究结论，本书提出以下政策建议：

首先，各级政府应该继续完善和加强市场化导向的农产品流通政策。如可以进一步放开对农产品流通领域的控制，鼓励农产品流通领域的"放开、搞活"的市场化导向，充分保障农产品流通领域的市场机制。对农产品流通领域的新生事物坚持引导、规范的发展思路,尤其是要探索在农产品流通领域的信息化、电子商务平台建设、农产品标准化生产、农产品拍卖交易、农产品期货市场发育发展、农超对接、农社对接等农产品流通领域新生事物上出台相应的政策措施。

其次,各级政府应该在进一步做好农产品大流通体系建设,切实降低整个农产品流通体系的交易成本。进一步加强对农产品流通基础设施建设的支持力度,如持续强化农产品绿色通道建设,切实提升公路、铁路、航空、水运对农产品流通的支持力度,不断坚持对农产品物流园区建设和农产品冷链建设的投入力度,进一步加大对农产品批发市场信息化改造升级的支持力度。

最后,从农产品流通的组织角度,尽可能地整合涉及农产品流通相关部门的职权,优化组织资源。如可以协调各相关部门制定促进农产品流通的规划,制定与之相配套的制度体系。

(二) 研究展望

本章是一项探索性的研究,还存在以下研究不足:第一,本部分关注的是影响农产品流通渠道变革的外部环境因素,尽管探讨了尽可能多的环境变量,但仍然有一些环境变量未予考虑,如农产品流通技术的发展,竞争结构等,后续研究可以继续尝试将其他环境变量纳入考量。第二,对外部环境影响农产品流通渠道变革的实证研究是一项新的尝试,对相关变量的测度还未有统一的标准,如农产品流通渠道变革,文化因素等,后续研究可以尝试其他变量测量手段和方法进一步提高研究的科学和有效性。第三,受制于数据限制,本部分对农产品流通渠道变革的研究是从整体层面进行的,并未分产品类别分别进行。事实上,不同类型农产品的差异极大,加总计算会造成较大误差。后续研究可以考察不同类型农产品流通渠道的演变趋势和方向，并分类考察其外部环境动因。第四，本部分研究的是全国层面的农产品流通渠道的变革，并未关注其地区差异。事实上，不同地区农产品流通渠道的发展现状、所处阶段、主要特征、环境因素、发展趋势等可能存在较大差异，后续研究可以针对不同地区分别开展研究。

第五章

基于农户视角的农产品流通
模式：理论分析框架

一、基于农户视角的农产品
流通模式内涵的界定

（一）模式与流通模式

"模式"（pattern）一词源于拉丁文 modus，意思是指与手有关的定型化的操作样式，它最初只是对具体操作过程的经验性概括，后来多指关于事物运动发展过程中具有个体特色的定型化的具体发展道路和运动方式（向洪、邓洪平，1995）。也有学者认为模式标志了物件之间隐藏的规律关系，解决某一类问题的方法论，只要是一再重复出现的事物，就可能存在某种模式（王翔，2000）。因此，可以把模式看作是经验的抽象和升华，具有稳定性、有章可循等特点。

流通模式是一定社会形态下商品流通中经济成分的构成形式和

调节商品流通运行机制的相对稳定的式样（何盛明，1990）。何盛明（1990）从商品流通的经济成分角度把流通模式划分为有单一所有制流通模式、多种所有制流通模式、公有制流通模式、私有制流通模式等类型；从调节商品流通运行机制角度把流通模式划分为高度计划集权型流通模式、计划与市场相结合的分权型流通模式，以及自由市场分权流通模式等类型。基于商品流通中经济成分的构成形式和调节商品流通运行机制角度界定流通模式有其局限性：经济成分的构成形式所划分的流通模式过于抽象，不能详细刻画流通的具体状况，而且带有一定的政治色彩。

本书认为从流通体系自身构成角度来界定和划分流通模式更具有现实意义，原因如下：一是不同的流通体系之间存在较大的差异性，应该根据流通体系自身特点来界定和划分流通模式的类型；二是基于流通体系自身构成特点来界定流通模式的内涵和类型更能准确地反映流通体系的概况。流通体系的构成一般包含三个层面：一是作为流通实际参与者的流通主体；二是作为整个流通体系的运行机制，包含流通运行、流通方式、流通关系等；三是作为整个流通体系的支撑系统包含流通设施、流通技术、流通体制。因此，本书认为对流模式内涵的界定应该包含以上三个层次，对流通类型的划分也应该从以上角度展开。

（二）基于农户视角界定农产品流通模式内涵的合理性

尽管我国农产品市场的开放度不断提高，全国性农产品流通体系初步形成，但当前农产品流通的问题仍很突出，主要表现在：一是流通渠道的结构"两端小中间大"的不对称，导致农产品流通不畅，流通时间过长，效率低下；二是农产品流通的组织化程度低，市场信息闭塞，交易方式单一，物流技术落后，不能满足"大市场、大流通"的需要；三是农产品流通中市场主体素质整体较低，农产品生产的规模小、技术水平低、仓储运输、市场营销都处于很低的档次，大部分农产品没有按照标准进行生产、深度加工及分类包装，农产品质量难以保证（孙剑，2011）。

当前我国从事农业生产和流通的主体主要还是弱小的农户，改变农产品生产、流通主体的弱势化困境，其实就是解决农产品流通中最为突出的小农户和大市场的对接问题。一家一户的小农经济，分散经营、使用落后工具、利用落后技术、组织化程度低、比较效益低，排斥资本、技术、知识和人才等现代生产要素向农业生产领域转移，成为现代农业发展最大的障碍（南飞燕，2011）。一直以来，"小农户"以何种市场交易模式进入农产品市场是学术界长期关注的命题。家庭分散经营、农户的组织化程度低与农户所面对的其他市场主体组织化高的矛盾使得农户在农产品交易中始终处于一种劣势地位。"小农户"在农产品市场上的天然劣势，不仅制约着农产品大流通和农产品流通现代化的实现，还影响着中国农业现代化的实现。因此，提高农户的组织化程度，变"小生产"为"大生产"以改变农户与其他市场主体之间的不对称态势，几乎成为政府有关部门、学术界和大部分农业从业者的共识（胡定寰，2010）。

因此，本书认为要改善以上农产品流通中存在突出问题，以推动农产品流通现代化的实现，主要应集中从小农户与大市场对接着手：改善农产品流通中小农户与大市场对接中阻碍农产品流通现代化的一些问题，重点是农户在现有的流通对接的通路中应选择何种路径以实现农产品流通现代化的问题（如图 5 - 1 所示）。

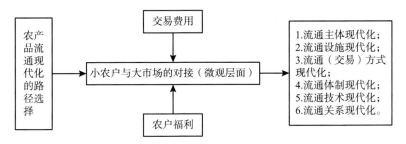

图 5 – 1 基于农户视角的农产品流通现代化路径选择理论框架

实际上小农户的流通现代化路径选择就是现有的小农经济模式如何向现代农业的转化问题。有关小农户的现代化路径及选择问题在学术界引起了诸多争论。归纳起来主要有两个方面的观点：一是以黄宗智为代表的"小农场纵向一体化"的小农户现代化道路论。黄宗智一直强调中国农业在人口压力下的"过密化"和"内卷化"困境，中国农业的未来不在于大规模机械化的农场，而在于资本—劳动双密集化的小规模的畜—禽—鱼饲养和菜果种植家庭小农场（黄宗智，2009）。他通过对我国当前食品消费结构的分析，认为小规模家庭农场其实比大农场更适合中国的新时代农业，包括绿色农业。因为在耕种的层面，最佳规模是小家庭农场；而不需要小农场的"横向一体化"，把它们变为大规模农场来达到规模经济效益。他同时也指出小农场仍然需要从生产到加工到销售的纵向一体化。因此，可以看出黄宗智更多地强调要通过小农户在流通链条上的"纵向一体化"方式使小农户进入现代流通体系以达到实现自身现代化的目的。

二是以贺雪峰等诸多学者为代表的通过"小农户横向一体化"以实现农户规模化经营的小农户现代化道路论（贺雪峰，2010）。贺雪峰认为农民和农村问题才是中国"三农"问题的核心，而不是农业问题，并指出需要通过组织农民，走农业的规模经济之路。尽管如此，以贺雪峰为代表的学者并不排斥通过农户"纵向一体化"

的具体形式而实现的小农户现代化过程，比如他们也赞成通过鼓励合作社及"龙头企业"的具体组织模式来提升小农户在市场的弱势地位。

纵观两种现代化的道路选择，尽管在具体的道路选择形式上有所差异，但是改变农户在市场中分散、弱势的地位，提高其在现代复杂多变的商业环境中的生存和发展能力确是两派观点的共识。具体就农产品流通而言，目前我国存在着众多的小农户进入大市场的通道，我们需要考察的是现有的这些农产品流通通道中是否存在能有效地解决小农户与大市场的对接问题以推进农产品流通现代化的实现？是否还存在其他更有效的通路？这是本书需要研究的第一个农产品流通现代化的路径选择（微观层面的农产品流通的路径选择）问题，即小农户以何种路径进入市场才符合我国农业发展的实际情况，才有助于推进我国农产品流通的现代化进程，进而推进农业现代化进程？

微观层面的农产品流通现代化路径选择实际上是探索我国农业现代化进程中具有农业生产和流通主体双重身份的小农户向现代农业从业者身份转变的问题，即传统农业中小农户流通主体的现代化问题。因此，农产品流通现代化微观层面路径选择不仅是推动农业现代化实现的路径，也是农业现代化实现的主要内容和任务。

农户以不同的市场交易模式（如龙头企业、农民专业合作社、农村专业技术协会、大农场、经纪人、批发商等）参与农产品流通不仅对农户的经济效益和社会效益产生不同影响，而且也关系到农产品流通现代化的实现道路问题。理论界和政府层面对基于农户视角的农产品流通的路径选择存在一些争议：2007 年的《中国农民专业合作社法》① 颁布实施之前，尽管也有一些农户自发成立的合作经济组织，但是政府主要还是通过扶持"龙头企业"的方式来改善农户的市场弱势地位，那一时期学术界对农户与"龙头企业"的研究成为研究热点；随着《合作社法》颁布实施，政府也开始重视以合作社为代表的合作经济组织的重要性，学术界对合作社等合作经济组织的研究开始明显增多。显然，无论政府层面还是学术界对资本色彩浓厚的"龙头企业"抑或合作化色彩的合作经济组织，哪种形式更适合中国农村实际仍未定论。

当前存在多种农户进入市场的方式，但是这些方式之间是彼此共存关系还是此消彼长的关系？这些交易方式对交易成本的影响如何？对农户的绩效存在什么样的影响？不同交易方式中农户的福利怎样？这些问题都会影响到整个农产品流通体系的未来发展方向，也关系到整个农业现代化的发展方向。因此，基于农户视角界定农产品流通模式具有重要的理论意义和现实意义。

（三）基于农户视角的农产品流通模式的内涵界定

当前存在的农户与市场对接的通路在相当长的一段时期内具有稳定性，尽管这些流通渠道可能相互融合，但短期内不会消亡。因此，本书从农产品流通的主体（农户）和流通运行的角度把农户进入市场的途径界定为农产品流通的模式。农户进入市场的不同途径不仅意味着农户与不同市场主体的交易，还意味着由于市场交易主体的差异会造成交易双方的交易关系和交易契约的不同，这刚好可以作为划分农产品流通模式的依据。

---

① 下文均简称《合作社法》。

二、基于农户视角的农产品流通
模式的主要类型与特点

（一）"小农户＋市场（主要是农贸市场和零售市场）＋消费者"的直接流通模式

　　小农户不通过任何环节直接进入农产品市场（主要是农贸市场或其他直接面向终端消费者的市场）的流通称为"农户＋市场"的直接流通模式，该模式中农户与市场交易对象之间的契约关系较为松散。这种流通模式是传统农业下农产品流通的显著特征，小农户在这样的农产品流通模式中既承担着生产者角色又承担着流通者的角色。虽然，这条流通路径在绝大多数情况下是农户直接和消费者交易，没有中间环节，但由于消费者和小农户的双重分散性使得这种流通模式无法承担农产品批量化的流通。此外，受到自身条件的限制（主要精力在生产、资金技术等相对缺乏），小农户既无理论可能也无实际可能让农产品实现大规模高效转运。这种流通模式只是农产品流通最初级的形态，不符合以分工为特征的现代化农产品流通的要求。

（二）"农户＋经纪人＋市场＋消费者"的贩运型流通模式

　　农户通过经纪人（零售商）进入市场的农产品流通模式称为"农户＋经纪人＋市场"的贩运型流通模式，该模式以经纪人（零售商）的贩运为特征，农户与经纪人之间的契约关系较为松散。小农户直接参与流通的天然缺陷，约束着农产品在更广阔的范围内高效流通，必然要通过更加专业的流通主体来实现，经纪人这一初级农产品流通主体便应运而生。农产品经纪人往往具有分散、贴近普通农户等特点，这一特点使得农产品经纪人能够深入到其他市场流通主体所不能到达的偏远的农村，也承担着我国大部分合作经济组织及龙头企业发育欠缺的农村地区的农产品集聚和流通功能。经纪人大多是个体色彩浓厚、掌握一定市场信息的"二道贩子"，不仅规模较小，而且具有强烈的投机思想。

从我国当前农产品流通的现实看，由于种种原因，短期内我国的合作经济组织、龙头企业仍然只能覆盖一定的农村区域，所发挥的作用也相对有限，仍有相当数量的农户或自愿或无奈的通过批发商、零售商（经纪人）售卖农产品。从我国政府的宏观政策制度环境来看，批发市场和零售市场被政府视为除合作经济组织和龙头企业之外的一种重要的农产品流通形式的补充（郑文凯、宋洪远，2008）。以经纪人为主体的贩运型流通模式也将长期作为我国农产品流通体系的重要补充。

（三）"规模农户（农场①）＋市场＋消费者"的农户横向一体化流通模式

由小农户通过的"横向一体化"手段而形成的具有一定规模的大户（农场）进入市场的农产品流通模式称之为"规模农户（农场）＋市场"的农户横向一体化流通模式。由于该模式中大户（农

---

① 这里的农场并不是指类似于美国的大农场（事实上这样农场在中国很少见），而是指通过资金、技术、租赁或其他手段横向一体化而形成的较大规模的农户和集体行动色彩浓厚的村组农户集合体，也被称为家庭农场。以下皆同。

场）具备一定的谈判能力，因此其与市场交易对象之间表现为非正式契约约束的半紧密半松散的契约关系。依赖要素契约而形成的规模农户（农场）通常具有一定的资金实力和市场眼光，不仅能够一定程度克服小农户直接与市场交易存在的弊端，而且也能使自己摆脱经纪人的控制，具有独特的优势。然而，由于受制于中国特殊国情的制约（如法律不允许土地自由流转，也对农地租赁有较严格限制），规模农户（大户）很难成长为和美国类似的超级农场，这种模式未来的发展受到一定的限制。至于集体行动色彩浓厚的村组农户集合体，由于其组织相对松散而无法对其内部成员形成有效的约束力，成员的搭便车和机会主义行为使得这种模式也不被看好。

（四）"农户＋批发商＋市场＋消费者"的批发市场集散模式

农户通过农产品批发市场（主要是产地农产品市场）进入市场的农产品流通模式称之为"农户＋批发商＋市场"的批发市场集散模式，该模式中农户与批发市场（批发商）之间的契约关系较为松散。这种模式的特点是批发市场收集主产地区的农产品进而进行大批量的区域转运，批发市场成为农产品的集散地。农户通过批发市场（批发商）进入市场是我国农产品流通的一条重要通路。在相当长的一段时间内，批发市场集散模式将会是我国农产品流通的主要模式。

（五）"小农户＋合作经济组织（合作社和协会）＋市场＋消费者"的合作经济主导流通模式

农户通过各类合作经济组织进入市场的农产品流通模式称之为

"农户＋合作经济组织（合作社和协会）＋市场"的合作经济主导流通模式。该模式的特点是农户自发组建的合作经济组织成为联结农户和市场的纽带，这种流通模式在保障农户利益方面被寄予厚望。该流通模式中合作经济组织对农户的约束主要依靠凝聚力，农户与合作社经济组织之间并没有正式契约的约束，表现为半紧密半松散的契约关系，农户存在"敲竹杠"的可能。

　　一般而言，合作经济组织包含农民专业合作社和农村专业技术协会。前者是在家庭承包经营的基础上，同类产品生产经营者或者同类农业生产经营服务的提供者、利用者，自愿联合、民主管理的互助性经济组织（参见《合作社法》条文）①。而后者主要是在家庭承包经营的基础上，由农民自愿加入、民主管理，围绕某种特定产品的生产经营，将满足农民的技术需求为主要职能并且随着组织的发展其职能逐步向产前、产后服务延伸，旨在改善生产经营质量、增进农民利益的合作经济组织（王元、刘冬梅等，2009）。从性质上来看，前者属于互助经济组织、具有盈利性且组织形式紧密；而后者属于非营利性社团组织，组织形式松散。从组织功能上看，这两类合作经济组织都承担着农产品流通的职能；从当前我国农产品流通的现状看，这两类合作经济组织都在我国农产品流通中发挥着主要的作用，是我国农户组织化的主要形式。从国际农业及农产品流通现代化的历程看，以农户之间合作为主要特征的合作经济组织是推动农产品流通现代化的主要力量和组织形式。

（六）"小农户＋龙头企业＋市场＋消费者"的龙头企业带动流通模式

　　农户通过龙头企业进入市场的农产品流通模式称之为"农户＋

———————————

　　① 这一定义源自《中华人民共和国农民专业合作社法》。

龙头企业 + 市场"的龙头企业带动流通模式，该模式中农户与龙头企业存在紧密的契约关系。这种模式的特点是通过农户与龙头企业签订合约的方式，充分发挥龙头企业市场上的优势，进而带动农户参与农产品流通。

一直以来，龙头企业（包括农产品加工企业和服务企业）是各级政府所大力推崇和鼓励的农业产业化的主要形式。这种形式带有很强的契约性，通常是龙头企业与农户签订明确双方权责的农产品销售合约，通常情况下，签订的合约会约定未来农产品交易价格、质量等级和数量；农户在此合约指导下安排组织生产，企业按照合约收购农产品，这种制度安排一定程度上有助于农户规避市场风险，也有助于龙头企业减少交易费用（万俊毅，2008）。但这种农产品流通模式却存在一些显而易见的问题：如合约对双方的约束力不强；合约的执行成本、监督成本较高；对资本色彩浓厚的龙头企业如何约束以保障农户的利益等。因而，"农户 + 龙头企业"的农产品流通模式能否承担我国农业及农产品流通现代化的重任引起了学术界和政府层面的较大争议。

（七）农户参与的其他农产品流通模式

除了传统的农产品流通模式外，还存在其他农产品的流通模式，如旨在缩短农产品流通环节的"农超对接""农社对接"模式；具有平抑市场风险的农产品期货模式；以农产品分级、标准化和品牌为基础的农产品拍卖模式；利用现代互联网的农产品电子商务模式等。这些模式中农户与交易对象具有相对紧密的契约关系。

主要农产品流通模式如表 5 - 1 所示：

表5－1　　　　　　　　　　　主要农产品流通模式

流通模式	契约强度
"农户＋市场"直接流通模式	松散
"规模农户（农场）＋市场"的农户横向一体化流通模式	半紧密半松散
"农户＋经纪人＋市场"的贩运型流通模式	松散
"农户＋批发商＋市场"的批发市场集散模式	松散
"农户＋合作经济组织＋市场"的合作经济主导流通模式	半紧密半松散
"农户＋龙头企业＋市场"的龙头企业带动流通模式	紧密
农产品流通的其他模式	紧密

三、基于农户视角的农产品流通模式选择的依据与原则

（一）基于农户视角的农产品流通模式选择的依据

农产品流通现代化不仅是农业现代化的主要组成部分，也是农业现代化的推动力，因此农产品流通模式的选择应依据农产品流通现代化的功能和目标一脉相承。路径依赖与路径选择理论认为：当前及未来的路径选择依赖于事物过去所处的状态和所走的路径，过去的状态和结果会对未来的路径选择有一定的"锁定"效应。因此，未来的路径选择要避免被"锁定"在无效率的路径上，选择有效率的路径。具体就农产品流通而言，农产品流通模式的选择不仅依赖于我国农业发展的历史、现状及农业政策制度环境和我国农产品流通演进的历史、现状及农产品政策制度环境，尤其依赖于农产品流通现代化的内涵、特点及任务。而对后者的把握更有利于我们在路径选择的时候能选择相对更有效率的路径，避免无效率的路径"锁定"。

当前，我国产品流通模式的选择面临着中国农业的两个基本现实：一是城乡二元经济结构，二是保持和稳定以家庭联产承包为主的责任制和统分结合的双层经营体制的基本经营制度。以社会化生产为主要特点的城市经济和以小生产为主要特点的农村经济并存的城乡二元经济结构要求农产品流通打通城乡相对割裂的状态，实现农产品由农村高效流向城市。因此，农产品流通模式选择的重要任务是统筹城乡两种资源和市场，保障农产品的供求平衡。而以家庭联产承包为主的责任制和统分结合的双层经营体制，则要求农产品流通模式选择必须在保持农户家庭基本经营的基础上，在有条件的地方适当发展适度规模的经营、探索多种农户流通的组织模式和形式。因此，农产品流通模式选择的依据是：

（1）对我国农业及农产品流通历程、现状，以及农业及农产品流通政策制度的深刻把握，识别可能对农产品流通现代化路径选择低效率"锁定"的因素。

（2）能显著改善农产品流通系统的流通效率和效益，提升各流通环节的福利，推动农产品流通现代化对农业现代化及国民经济现代化的进程。

（3）使农产品整个流通体系满足现代社会经济发展的需要，既能从整体上构建农产品流通现代化与国民经济其他产业的良性关系，又能一定程度提升农产品流通自身系统的发展层次，改善农产品市场供求关系、协调农产品流通体系成员的关系、强化农产品下游市场的食品安全控制和改善消费者福利、提升农产品上游生产者的收入。

（二）基于农户视角的农产品流通模式选择的原则

根据国际农产品流通现代化的经验及以上分析，本书认为农产品流通模式选择的原则如下：

（1）坚持农产品流通主体自主选择与政府宏观指导相结合。农产品的流通主体（小农户或其他主体）是农产品流通现代化的主要践行者和推动者，其对农产品流通现代化的路径选择既是基于自身所处状态的"最优"选择，又能让其对所选之路具有强烈的认同感，有利于农产品流通现代化的推进，政府应该较少给予微观上干预。但政府的宏观指导不能缺位，需要各级政府从宏观上为农产品流通主体所选路径给予支持，以满足其对政策制度的需求。

（2）坚持农产品流通系统整体效率与效益提升与农产品流通系统内部关系协调相结合。农产品流通系统整体效率与效益与产品流通各主体、各环节紧密相关，农产品流通现代化的路径选择依赖于各流通主体和环节的配合和协同，因此农产品流通现代化的路径选择必须以农产品流通系统整体效率与效益提升为核心，以农产品流通各主体、各环节的关系协调为基石。

（3）坚持农产品流通主体、运行、制度及观念现代化同步协调推进的原则。农产品流通现代化的主体、运行、制度及观念是农产品流通现代化的不同方面，彼此之间相互融合、互相依靠。任何一个方面的落后都会影响其他方面农产品流通现代化的推进进程，因此要坚持农产品流通主体、运行、制度及观念现代化等各部分相互协调、同步推进。

四、基于农户视角的农产品流通模式的路径选择

一直以来，"小农户"以何种市场交易模式进入农产品市场是

学术界长期关注的命题。家庭分散经营、农户的组织化程度低与农户所面对的其他市场主体组织化高的矛盾使得农户在农产品交易中始终处于一种劣势地位。"小农户"在农产品市场上的天然劣势,不仅制约着农产品大流通和农产品流通现代化的实现,还影响着中国农业现代化的实现。因此,提高农户的组织化程度,变"小生产"为"大生产"以改变农户与其他市场主体之间的不对称态势,几乎成为政府有关部门、学术界和大部分农业从业者的共识(胡定寰,2010)。

农户以不同的市场交易模式(如龙头企业、农民专业合作社、农村专业技术协会、大农场等)参与农产品流通不仅对农户的经济效益和社会效益产生不同的影响,而且也关系到农产品流通现代化的实现道路问题。理论界和政府层面对农户"小生产"转变为"大生产"的路径选择存在一些争议:2007年的《中国农民专业合作社法》[①] 颁布实施之前,尽管也有一些农户自发成立的合作经济组织,但是政府主要还是通过扶持"龙头企业"的方式来改善农户的市场弱势地位,那一时期学术界对农户与"龙头企业"的研究成为研究热点;随着《合作社法》颁布实施,政府也开始重视以合作社为代表的合作经济组织的重要性,学术界对合作社等合作经济组织的研究开始明显增多。显然,无论政府层面还是学术界对资本色彩浓厚的"龙头企业"抑或合作化色彩的合作经济组织哪种形式更适合中国农村实际仍未定论。总体来看,小农户的"小生产"转变为现代化"大生产"存在以下几种可能的路径如表5-2所示:

---

① 下文均简称《合作社法》。

表5－2　　　　　　　　　小农户实现流通现代化的可能路径

路径选择的动力	路径具体形式	路径名称	契约强度	流通模式
农户的自组织化探索	"小生产"通过横向一体化转变为"大户（农场）"	主体选择内推路径	紧密	生产与流通的规模化规模
农户自我选择与政府规制的联合作用	农户组织起来进入市场	主体选择与政策相互作用的路径	半紧密半松散	合作经济组织主导模式
农户与资本色彩浓厚的市场流通主体的合作	农户与龙头企业"纵向一体化"合作	政策规制外推路径	紧密	龙头企业推动模式
农户与现代零售企业及消费者直接对接	农户通过其他缩短流通环节的新路径（如农超对接、农社对接、期货、拍卖、电子商务）	缩短流通环节的新路径	紧密	"农超对接"、"农社对接"等流通新模式
农户适应市场自我调整	农户通过批发商、零售商（经纪人）的路径进入市场	传统农产品流通路径的新考量	松散	批发市场集散模式；以经纪人为主体的贩运型流通模式

（一）农户的自组织化探索——主体选择内推路径

路径一：小农户通过横向一体化转变为"大户（农场）"的流通路径

国际经验表明，单纯依靠小农户自身的力量几乎不可能实现农业及农产品流通现代化的历史任务，而我国的农业又恰恰具有典型的小农经济的特征。因此，通过小农户之间的联合，变"小生产"为"大生产"就成为实现农业及农产品流通现代化唯一的道路。"小生产"通过横向一体化转变为"大户（农场）"就是"小生产"转变"大生产"的一种重要形式，美国农业及农产品流通现代化的实现就是大规模农场最为显著的特征。

"小生产"通过横向一体化转变为"大户（农场）"的路径主

要依靠要素契约（如资金、技术等）来实现农户自身的规模化经营，其显著特点是规模化经营与运作。虽然短期来看，由于受到土地流转等政策约束及维护农村安全稳定等政治约束，很难使我国的"小生产"能达到类似美国大农场那样的规模。但从长期来看，由于受到随着我国城镇化进程的逐步推进、农村人口红利的逐步丧失及农业从业者劳动力的老龄化等趋势的影响，未来我国农村农业从业人口必将大幅度减少，从而为农村土地的规模兼并进而为实现农业大生产和大流通提供了契机。使"小生产"转变为严格控制规模的"大户（农场）"的农业及农产品流通现代化路径成为一种可能。

（二）农户自我选择与政府规制的联合作用——主体选择与政策相互作用的路径

路径二：农户组织起来（如建立农民专业合作社、农民专业技术协会）进入市场的流通路径

尽管发达国家和地区在农业现代化的进程中，在理论和实践上曾有过小农户是否有存在的必要的争论（P. Karfakis & T. Hammam Howe，2009；P. Perrier‐Cornet & M. Aubert，2009；Pieniadz，A. et al.，2009）。但日本、荷兰及我国台湾地区等以小农户、小生产为主要特点的国家（地区）的农业现代化经验表明，农业现代化并不一定以消灭小农户和小生产为代价，相反这些国家（地区）都是在小农数量众多甚至是小农遍地的情况下实现了农业现代化（李尚勇，2011）。但是，仅仅依靠小农户自己的力量也很难担负起农业现代化的重任，因此小农户的合作，这种被认为是小农户为适应现代化大市场的"自救"行为就被寄予了厚望。事实上，无论是以农业化大生产为特征的美国农业及农产品流通现代化模式，还是以小农户、

小农业为显著特征的日本农业及农产品流通现代化模式，包括以农业特征介于以上二者的法、德农业及农产品流通现代化模式，其现代化的实现道路都无一例外的是通过推广农民合作社并建立完善的农业社会化服务体系实现农业产业化，进而实现了"小农业与现代化大市场"的对接，完成了农业现代化的历史任务（李尚勇，2011）。

由于小农户、小生产的先天缺陷（如普遍文化水平有限、科技应用不足、无法抵御自然和市场双重风险等），单靠小农户自身的"抱团自救"行为很难适应具有现代商业意识的"大市场"，这也是为什么我国的农业合作经济组织经过了近三十年的探索和发展仍然未能完成农业现代化的重要原因。因此，本书认为在小农户"抱团自救"的基础上，政府应该在宏观政策和制度上为小农户的这种"创举"营造良好的政策制度环境，为农户的自我选择保驾护航。我国各级政府从 20 世纪 80 年代初以来对农村专业技术协会的大力支持，以及 2007 年《合作社法》的颁布实施等都是政府对小农户为适应现代化"大生产"而做的巨大努力，也唯有农户自我选择与政府规制的联合作用才可能通过小农户的自我联合以推进我国农业及农产品流通现代化的实现。因此，小农户自我选择的具有突出的互助、合作色彩的合作经济组织，积极发展以专业合作组织为载体的合作型流通，在政府的规制之下有可能成为我国农业及农产品流通现代化的重要路径。

（三）农户与资本色彩浓厚的市场流通主体的合作——政策规制外推路径

路径三：农户通过与市场化特征明显的龙头企业"纵向一体化"合作的流通路径

作为弱小的农业生产和流通的主体，农户与资本主义色彩浓厚的龙头企业的合作更多的并非出自农户的自愿行为。事实上，农户与龙头企业的合作形式主要是在政府的推动下开展并推广的，一直以来，龙头企业都获得政府的大力支持（黄宗智，2009）。相较于龙头企业，在《合作社法》出台之前，"社会化"的合作经济组织在农户与市场的对接中所发挥的作用并不明显，主要原因在于其较少得到政府的关注和政策支持。

长期以来，中央和各级地方政府都积极支持龙头企业在农业产业化中的重要作用，并把龙头企业作为小农户参与市场的第一选择（如表5－3所示）。2000～2005年，中央政府投入了共119亿元来扶持国家级的龙头企业（郑文凯、宋洪远，2008）。各级地方政府也给予了龙头企业巨大支持，以湖北省为例，"十一五"期间，湖北省农业厅积极协调有关金融机构增加贷款额度、创新贷款品种、延长贷款期限、降低贷款利率、简化贷款手续、放宽抵押或担保条件等。"十一五"期间龙头企业获得贷款累计近1000亿元，推荐的项目137个，共获取贷款210多亿元。同时，2005年在全国率先成立了省农业产业化信用担保公司，资本金2亿余元，五年间，累计为龙头企业提供担保53.6亿元，截至2010年年底，在保余额13.5亿元（余胜伟，2011），其他省市也均有扶持龙头企业的政策措施。尽管有国家领导人对"农户＋龙头企业"的组织形式的作用持有保留意见（习近平，2001），但从各级政府政策导向上和农业产业化的现实上看，农户通过与龙头企业这类市场流通主体的合作仍然是实现和推动农业及农产品流通现代化的重要路径。

表5－3　　　小农户流通组织的类型和数量：2000～2005年

年份	2000	2002	2004	2005
流通组织总数量	66688	94432	113953	135725
龙头企业带动型	27276（41%）	41905（44%）	49709（44%）	61268（45%）

续表

年份	2000	2002	2004	2005
中介组织带动型	22146	32076	41430	62914
其中：专业合作社	9552（14%）	20245（21%）	30546（27%）	48473（36%）
专业市场带动型	7674（12%）	9163（10%）	10565（9%）	11543（9%）
其他类型	9592	11288	12249	

资料来源：中华人民共和国农业部. 中国农业产业化发展报告［M］. 北京：中国农业出版社，2008 年版：309.

（四）农户与现代零售企业及消费者直接对接——缩短流通环节的新路径

路径四：农户通过其他缩短流通环节的新路径（如农超对接、农社对接、农产品期货、拍卖及电子商务）进入市场

除了传统的农产品流通路径外，还应借助于现代信息技术创新农产品的流通方式，在农户缩短农产品流通环节、提高流通效率的方面进行探索和尝试。应积极鼓励探索建立农户与消费者衔接有效、灵活多样的农产品流通模式，积极鼓励和支持契约农业的发展，推进农户（合作社）与超市、宾馆饭店、学校和企业食堂等直接对接。积极支持保障有条件的农户（农民专业合作社）在城市社区增加直供直销网点，活跃农户与消费者的联结方式。还应积极探索农户开展农产品期货、拍卖及农产品电子商务等新的流通方式的努力，但由于单个农户几乎没有能力独自进行类似尝试，大多是借助其他市场流通主体（如合作经济组织、龙头企业等）所开展。因此，本书暂不探讨有关农户参与农产品期货、拍卖及农产品电子商务等方面的问题，而仅仅只是探讨"农超对接"这一农户与现代零售企业的直接对接的农产品流通模式。

（五）农户适应市场自我调整——传统农产品流通路径该何去何从？

路径五：农户通过批发商、零售商（经纪人）进入市场的路径

农户通过批发商、零售商（经纪人）是农户无法或不愿通过以上三条路径进入农产品市场而做出的自我选择和调整。从我国当前农产品流通的现实看，由于种种原因，短期内我国的合作经济组织、龙头企业仍然只能覆盖一定的农村区域，所发挥的作用也相对有限，仍有相当数量的农户或自愿或无奈的通过批发商、零售商（经纪人）售卖农产品。从我国政府的宏观政策制度环境来看，批发市场和零售市场被政府视为除合作经济组织和龙头企业之外的一种重要的农产品流通形式的补充（郑文凯、宋洪远，2008）。在相当长的一段时间内，批发市场集散模式将会是我国农产品流通的主要模式，而以经纪人为主体的贩运型流通模式也将长期作为我国农产品流通体系的重要补充。

除了上面所分析的三种以规模化和组织化为导向的小生产变为大生产的现代化路径，现有的传统的农产品流通路径（通过批发市场和经纪人）该何去何从？是否就一定与我国农产品流通现代化的方向相悖，而被排斥在农产品流通现代化的体系之外？是否就意味着没有其生存的土壤而慢慢消亡？在下面章节中，我们将通过一手的田野调查资料，从交易成本和农户福利两个视角对以上几种农产品流通现代化的路径选择进行实证研究和比较，还将就"农超对接"这一特定的农产品流通模式中的合作社对农户的盈余分配问题进行深入的分析，从而基于农户角度回答以上问题。

五、本　章　小　结

本章构建了基于农户视角的农产品流通模式选择的理论分析框架，为后面实证部分的展开提供了实证框架。首先从模式及流通模式的内涵出发，论述了基于农户视角界定农产品流通模式的合理性，在此基础上界定了基于农户视角界定农产品流通模式的内涵。基于以上分析，本书把基于农户视角的农产品流通模式界定为"农户＋市场"的直接流通模式、"规模农户（农场）＋市场"的农户横向一体化流通模式、"农户＋经纪人＋市场"的贩运型流通模式、"农户＋批发市场（批发商）"的批发市场集散模式、"农户＋合作经济组织（合作社和协会）＋市场"的合作经济主导流通模式、"农户＋龙头企业＋市场"的龙头企业带动流通模式，以及农产品流通的其他模式（如农超对接、农社对接、农产品期货、拍卖及电子商务等）。基于路径依赖理论，本章还提出了基于农户视角的农产品流通现代化路径选择的依据与原则。

本章第四节主要探讨了基于农户视角的农产品流通模式的路径选择：小农户通过横向一体化转变为"大户（农场）"的自组织化探索主体选择内推路径，农户组织起来（如建立农民专业合作社、农民专业技术协会）进入市场的农户自主选择与政策相互作用的路径，农户通过与市场化特征明显的龙头企业"纵向一体化"合作的政策规制外推路径，农户通过其他缩短流通环节的新路径（如农超对接、农社对接、农产品期货、拍卖及电子商务）进入市场的缩短流通环节的新路径。最后，本章还特别对农户通过批发商、零售商（经纪人）等传统的流通通路进入市场的路径作了简要分析。

第六章

基于农户视角的农产品流通
模式：交易成本考察

一、理论模型构建与实证框架

一般而言，农户选择何种组织形式参与农产品的市场流通受制于客观和主观两个方面的因素。客观因素主要是农户所处的外生环境（如自然环境和政策制度），而主观上则更多来自于自身的资源禀赋状况。这两个方面的因素之所以会对农户参与农产品流通的组织形式产生影响，主要是因为这些外生和内生因素会对农户进入农产品市场的交易成本产生影响。自然环境（如交通状况）在很大程度上会影响农户的市场费用和市场谈判能力，而政策制度（无论是诱致性制度还是强制性制度）都会影响农户选择组织形式的交易成本。如《合作社法》颁布实施以来，受益于农业部和商务部所推动的"农超对接工程"，农户选择"农户＋合作组织＋市场"参与农产品市场的组织形式明显增多。

农户对交易方式的选择源自于对自身利益的改善，尽管有学者认为农户具有明显的"短视"行为，但农户的"短视"行为却是农户给予自身所处状态的"最优"选择。不同的交易方式会产生不同的交易成本，而农户总会在自己可以选择的交易方式中选择于己最节约交易费用的交易方式，这一点已得到学术界的广泛认同（Hobbs，1997；Bailey & Hunnicutt，2002；屈小博、霍学喜，2007；黄祖辉、张静和 Kevin Chen，2008）。

交易成本理论已成为国内外学术界研究小农户与大市场对接的经典理论和成熟方法。威廉姆森认为交易费用的产生源自两个层面的影响：一是人的有限理性和机会主义倾向，二是交易特征，包括资产专用型、交易频率与不确定性等（威廉姆森，2002）。并进而将交易成本划分为三类：信息成本、谈判成本和执行（监测）成本，这种划分法为后来的许多研究者所采用（Hobbs，1997；屈小博、霍学喜，2007；黄祖辉、张静和 Kevin Chen，2008）。为了更好的从微观层面测量交易成本，很多学者都基于自己的研究情境，细化了三类交易成本的内涵，并给出了自己的可测量操作方法（Hobbs，1997；Bailey & Hunnicutt，2002；Lu Hualiang，2006；Wen Gong et al.，2007；钱忠好，2000；屈小博、霍学喜，2007；黄祖辉、张静和 Kevin Chen，2008）。

早期大量的研究采用经验的方法来研究小农户进入市场的模式选择问题（Hobbs，1997；Bailey & Hunnicutt，2002）。近年来，采用实证研究法研究农户和市场交易费用和选择的成果明显增多（Lu Hualiang，2006；Wen Gong et al.，2007；屈小博、霍学喜，2007；黄祖辉、张静和 Kevin Chen，2008）。但是现有的研究大多只是单个关注了农户参与农产品流通的交易模式及其现实问题，鲜有文献对农户的不同农产品交易模式进行比较研究。而农户该采用何种"纵向一体化"的农产品具体交易模式需要来自中国农村发展实践的检验。迄今为止，集中研究新时代的小农业及其纵向一体化中的不同道路的学术著作还比较少见（黄宗智，2009）。

本章利用鄂赣川渝四省市农户调查的数据资料，基于农户视角，在交易成本理论的分析框架中比较研究"单个农户 + 市场""大农场 + 市场""农户 + 龙头企业 + 市场""农户 + 合作组织 + 市场""农户 + 经纪人 + 市场"等农产品流通模式的绩效比较及农户的市场交易模式的选择问题。在实地调查中，我们也遇见了这几种组织形式的联合体，比如"农户 + 基地 + 龙头企业 + 市场""农户 + 合作社 + 企业 + 市场"等，由于这种多个组织形式的联合体相对比较少见，而且本章重点研究的是农户在农产品流通中与市场对接的不同组织形式的绩效比较与流通现代化路径的选择问题，因此本书把这几种特殊的形式农户市场对接形式排除在外，重点研究农户参与农产品流通的五种组织形式的绩效及其比较。

本书为了探究交易费用在农户对农产品市场交易模式的比较与选择的影响，参照前人的研究成果，本书构建了以下实证研究理论模型（如图 6 - 1 所示）：

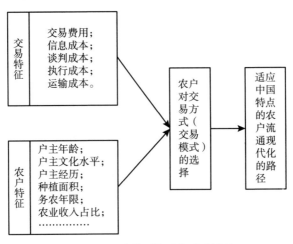

图 6 - 1　理论模型与实证分析框架

二、研究设计、数据来源及样本描述

（一）样本区域与抽样情况

本书考察的是农产品流通现代化进程中的小农户的路径选择问题，在样本区域的具体选择上我们重点考虑了以下因素：（1）为了使样本具有代表性，我们选择了西部地区的四川省和重庆市、中部地区的湖北省和江西省，以及东部地区具有良好农业基础的山东省；（2）尽量涵盖不同的农产品生产条件区域；（3）农产品流通中农户选择交易模式的覆盖面，必须让样本全部涵盖现有主要的农户市场交易方式且有一定的样本容量；（4）选择农产品品种的覆盖面，尽量让所选区域涵盖几大类的农产品种类（如蔬菜、水果、粮食、棉花等）。

根据以上原则，我们抽取调查区域具有以下特点：（1）从农业所处区域来看，既有大城市周边的区域，如成都市双流县、成都市彭州市、武汉市新洲区、武汉市东西湖区、南昌市新建县等，也有相对远离大城市的区域，如南充市蓬安县、宜昌市长阳县、鄂州市华容区、宜春市上高县、山东省寿光县等。（2）从农业生产特点来看，既有传统农业生产区域，如成都市浦江县、重庆市潼南县、宜昌市西陵区、南昌市新建县、宜春市上高县，也有特色农业产区，如高山蔬菜闻名全国的宜昌市长阳县、大型超市直采基地的武汉市东西湖区、产地批发市场活跃的山东省寿光县。（3）从产品流通组织发育的情况来看，所选样本全部涵盖现有农产品流通模型类型，如农民专业合作社、农村专业技术协会、龙头企业、农产品流通经纪人、产地批发市场、一定规模的农场①等。

在实际抽样过程中，我们在综合以上因素的前提下，还特别考虑到调研的时间和成本压力，我们选择了样本区域，并综合采用了分阶段抽样、分层抽样和随机抽样法进行了抽样。整个抽样过程划分为三个阶段：第一阶段，根据要涵盖大城市周边和一般县市区的原则抽出县级样本；第二阶段，根据抽样要基本涵盖小农户与大市场对接的方式，以及农产品品种的覆盖等因素抽取乡镇和村级样本；第三阶段，在选取的村级样本中，采取简单随机的方式抽取调研的具体对象。各地区的样本基本分配情况如表6-1所示：

表6-1   样本区域与样本数

地区	省市	样本区域	样本数
西部地区	四川	成都市双流县	40
		成都市彭州市	40
		成都市浦江县	40
		南充市蓬安县	40
	重庆	重庆市潼南县	60
中部地区	湖北	武汉市新洲区	30
		武汉市东西湖区	30
		鄂州市华容区	30
		宜昌市长阳县	30
		宜昌市西陵区	30
	江西	南昌市新建县	40
		宜春市上高县	40
东部地区	山东	寿光县	200

---

① 农场的含义和第五章同。

此外，笔者还利用"2008 年百名博士广西暑期社会实践"的机会，赴广西壮族自治区平果县，就当地的农产品流通情况向当地的农业主管官员、农产品流通组织的负责人，以及普通农户进行了为期一周的详细调研，并撰写了《平果县农业产业化发展报告》①；2009 年 12 月 ~ 2010 年 5 月，我们还走访调查了四川省、重庆市、湖北省及湖南省四省市 52 家合作社参与"农超对接"的情况，访谈了 52 家合作社的主要领导人及 520 户合作社社员。为了解连锁超市对"农超对接"的看法，我们还特别对家乐福成都市、重庆市、武汉市生鲜直采经理进行了深度访谈。这些资料有助于我们更加全面的了解"小生产"与"大市场"对接的困境及解决路径。

（二）调查对象

由于本书考察的是农户的"小生产"与"大市场"的对接问题，因此主要将从事农业生产与流通的农户作为调查对象；同时为了解农产品流通的一些利益涉及方的看法，我们借助于家乐福于 2009 年 12 月 ~ 2010 年 4 月对参与"农超对接"合作社进行审核与甄别的机会，对该地区部分合作社及协会理事长（主要领导人）就农产品流通中的问题进行了访谈。此外，我们还特别就农产品流通中的现实问题向武汉市、成都市、重庆市等地家乐福生鲜直采经理和当地涉农相关政府官员进行了访谈。

---

① 该报告为实践团向该县县委县政府领导汇报的主报告，得到当地领导的好评，全文 10000 余字。

（三）问卷生成

本书在充分借鉴前人研究的基础上，进行了问卷的设计。通过三轮试调查和反复修改之后，最终形成了本书的问卷。问卷主要包括以下几个方面的内容：

（1）农户及户主的基本情况：家庭人口数；劳动力数；户主性别；年龄；务农年限；户主经历；户主的文化程度；参加培训情况；参与农产品流通组织的情况。

（2）农户的经济结构概况：是否有兼业行为；家庭经营的土地面积；主要的农产品种类；农产品销售情况（包括农产品售卖所占的比例、农产品通过不同渠道的售卖比例、农产品是否开展简要的包装及加工、农产品是否获得各种称号（如绿色农产品、有机农产品、全国及地区名牌产品等）、主要销往的市场）。

（3）农户的收益与成本，主要包括：

①经济收益：收入的改善（收入增加；最低最高价）；成本的降低（销售成本、农资购买成本、获取农业信息的成本等）；

②交易成本：信息成本（是否及时知道价格信息；了解的是哪类市场价格信息；交易前了解几次价格信息）；谈判成本（是否认识买主；买主来自何地；认识什么类型的买主；认识几个同类型的买主）；执行成本（交易所需的时间；是否需要检验；对质量是否有分歧；付款方式；是否有欠款；欠款比例；是否签合同）；运输成本（农户所处的地理位置；农户距农产品交易地点的距离；农户所拥有的交通工具情况）等；

③其他收益或利益（主要针对中介组织）：是否提供农业生产技术指导和培训；是否提供资金借贷服务；是否协助解决市场争端；是否有助于降低市场风险；是否开展一些农业领域的维权

活动等。

（四）调查实施

在问卷生成之后，我们进行了 3 次较大规模的试调查，并在试调查的基础上不断的调整问卷，并对开展大规模的调查员进行了必要的培训为后续的大规模调查的实施提供了保障。

我们前后分 6 次对湖北省、江西省、四川省、重庆市，以及山东省进行了大规模调查。2009 年 3～5 月我们首先对湖北省和江西省实施调研，2010 年 4～6 月对四川省和重庆市实施调研，2011 年 4～5 月对山东省实施调研。在调研的过程中，我们还对这些地区的农产品流通中介组织及农产品流通经纪人开展了访谈，并要求调查员在调查中随时记录调查中出现的新情况，并要求所有的调查员每天撰写调查日志，并在一个地区调查结束后，撰写一篇调查感受。这些来自调查员的资料更有助于我们全面了解调查中的实际情况。

（五）样本描述

1. 样本回收率及有效率

本系列调查共发放问卷 650 份，实际收回问卷 638 份，剔除漏填、缺失、明显与事实不符合的问卷，获得有效问卷 591 份。问卷回收率和有效率分别为 98% 和 91%。由于调查员采取的是入户调查，且采用一对一的调查方式，一旦发生问卷无法继续下去就弃掉该问卷重新选择调查对象，因此能保证问卷的高回收率和有效率，因而本次调查能保证本次调研的样本有效性和代表性。

2. 样本基本情况描述（如表6-2所示）

表6-2 样本基本情况描述

地区	省市	家庭人口	劳动力数	年龄	受教育年限	务农年限
西部地区	四川	4.76	2.69	43.76	7.03	23.52
	重庆	4.65	2.45	48.40	8.00	26.25
中部地区	湖北	4.06	2.31	46.37	9.31	25.90
	江西	4.69	2.46	44.49	7.59	23.49
东部地区	山东	3.82	1.96	39.67	8.46	21.42

资料来源：根据调查数据计算均值。

由表6-2可以看出，所调查区域普遍劳动力年龄偏大、务农年限较长，尤其以中西部地区为最。教育水平普遍不高，大多为中等文化程度。中西部地区的川渝鄂赣家庭人口、劳动力数目、年龄差异并不明显，东部地区的山东省家庭人口、劳动力数目均较中西部地区少（可能与该省发达的经济水平有关），户主年龄相较中西部地区年轻（可能缘于寿光在全国农产品市场中的地位，有相当数量的年轻人愿意从事农业）。

3. 不同交易方式的样本分布（如表6-3所示）

由表6-3可以看出，所获得的样本基本涵盖了六种主要的"小生产"与"大市场"对接的方式，且每一种方式也有足够的样本开展计量模型的实证检验。在考虑不同交易方式样本分布的时候，为了更加清晰的检验和比较中介组织和经纪人的交易方式对小农户的绩效影响，所以样本向中介组织和经纪人有适当的倾斜。

表6－3　　　　　　　　　不同交易方式的样本分布

样本分布 ＼ 交易方式	单个农户＋市场	大农场①＋市场	农户＋龙头企业＋市场	农户＋合作社＋市场	农户＋农技协＋市场	农户＋经纪人＋市场
户数	88	68	89	151	78	117
占比（％）	14.89	11.51	15.06	25.55	13.20	19.79

资料来源：根据调查数据计算。

三、方法选择、计量模型与实证结果

（一）方法选择与计量模型

在具体的研究方法上，大多数的实证研究都采用 Probit 或 Ordered Probit 模型将农户销往某一渠道的百分比作为因变量，这使得模型的解释力有所局限，只能分析交易费用对农产品销往某一特定渠道比例高低的影响（张静，2009）。本书借鉴前人研究成果（黄祖辉、张静和 Kevin Chen，2008；张静，2009），采用 Multinomial Logit 模型来研究农户选择不同交易方式的影响因素，特别研究了农户特征、交易特征是如何影响农户交易方式的选择的。由前文理论分析可知，农户交易方式的选择是农户特征和交易特征的函数，因此具体模型形式设定如下：

$$\Pr(Y_i = j) = \frac{e^{\beta_j X_i}}{1 + \sum\limits_{s=1}^{J} e^{\beta_s X_i}},$$

---

① 根据实际调查数据情况及有关文献的划分，本书把种植规模在 50 亩以上、养殖规模在 500 头（只）以上的农户划定为本书的"大农场"。

$$i = 1, 2, \cdots, N; j = 1, 2, 3, 4, 5, 6$$

其中 N 为样本容量，j 为交易方式的类型，X_i 为农户特征和交易特征。

模型的变量定义如下（如表 6-4 所示）：

表 6-4 变量类型与定义

变量名	变量类型	变量定义
Y_j	因变量	$j=1$ 为单个农户 + 市场；$j=2$ 为大农场 + 市场；$j=3$ 为农户 + 龙头企业 + 市场；$j=4$ 为农户 + 合作社 + 市场；$j=5$ 为农户 + 农技协 + 市场；$j=6$ 为农户 + 经纪人 + 市场
家庭人口数（X_1）	农户特征	具体数值
户主性别（X_2）		1 男性；0 女性
年龄（X_3）		具体数值
务农年限（X_4）		具体数值
户主经历（X_5）		1 曾经担任村干部；2 曾经在其他政府或组织部门任过职；3 外出打工；4 在外工作；5 退伍军人；6 离退休教师；7 企业退休；8 其他
户主的文化程度（X_6）		1 文盲；2 小学；3 初中；4 高中；5 中专；6 大专；7 大学本科及以上
参加培训情况（X_7）		1 有；0 无
参与农产品组织的情况（X_8）		1 有；0 无
是否有兼业行为（X_9）		1 有；0 无
家庭经营的土地面积（X_{10}）		具体数值
农产品是否开展简要的包装及加工（X_{11}）		1 是；0 否
农产品是否获得称号（X_{12}）		1 是；0 否
农产品主要销往的市场（X_{13}）		1 本地市场；2 国内外地市场；3 国外市场
是否及时知道价格信息（X_{14}）	信息成本	1 是；0 否
了解的是哪类市场价格信息（X_{15}）		1 零售市场；2 批发市场；3 超市；4 其他
交易前了解几次价格信息（X_{16}）		具体数值

续表

变量名	变量类型	变量定义
是否认识买主（X_{17}）	谈判成本	1 是；0 否
买主来自何地（X_{18}）		1 本地；0 外地
认识什么类型的买主（X_{19}）		1 零售商（经纪人）；2 批发商；3 消费者；4 合作社；5 农技协；6 龙头企业；7 其他
认识几个同类型的买主（X_{20}）		具体数值
交易所需的时间（X_{21}）	执行成本	具体数值
是否需要检验（X_{22}）		1 是；0 否
对质量是否有分歧（X_{23}）		1 是；0 否
付款方式（X_{24}）		1 现金；2 赊欠；3 其他支付方式
是否有欠款（X_{25}）		1 是；0 否
欠款比例（X_{26}）		具体数值
是否签合同（X_{27}）		1 是；0 否
农户所处地理位置的交通条件（X_{28}）	运输成本	1 交通条件较好；2 交通条件一般；3 交通条件较差
农户距最近的农产品交易地点的距离（X_{29}）		具体数值
农户所拥有的交通工具情况（X_{30}）		1 大型机动车；2 小型机动车（包括拖拉机）；3 人畜力车；4 无任何交通工具

（二）实证结果分析

我们采用 Stata10.0 对以上计量模型进行估计，从模型结果来看，大部分的自变量都通过统计检验。

1. 农户特征对农户交易方式选择的影响（如表 6-5 所示）

（1）农户特征对"单个农户＋市场"交易方式的影响。大部分的农户特征都表现出对"单个农户＋市场"交易方式的显著影响，一个重要的原因在于这种交易方式之中农户更多的只能依赖于自身的社会资本进行抉择，而较少从外界获得支持。具体来看，务农年限、户主经历、户主的文化程度和家庭经营的土地面积对其有极显著的影响，家庭人口数、年龄、参加培训情况、参与农产品组织的情况、农产品是否开展简要的包装及加工、农产品是否获得称号，以及农产品主要销往的市场对其存在显著影响，而仅有户主性别和是否有兼业行为没有显著影响。由此可见，农户特征中能显著改善农户知识和眼界的方面对"单个农户＋市场"交易方式的影响尤为显著。

表6－5　　　　　　农户特征对农户交易方式选择的影响

	单个农户＋市场	大农场＋市场	农户＋龙头企业＋市场	农户＋合作社＋市场	农户＋农技协＋市场	农户＋经纪人＋市场
家庭人口数	0.18*	1.27*	1.02	1.48*	1.12*	0.43
户主性别	1.15	0.36	0.78	0.11	0.23	0.66*
年龄	0.29*	0.14	0.49	1.09*	0.86*	1.31**
务农年限	0.25**	0.85*	1.25*	0.31*	0.44*	0.47
户主经历	2.38**	0.59	3.32**	2.15**	1.98**	1.39**
户主的文化程度	3.41**	2.36*	2.29**	1.36**	1.74**	2.23**
参加培训情况	1.19*	1.98**	1.25*	0.99*	1.12*	0.27
参与农产品组织的情况	0.21*	0.17*	0.12	4.21**	3.34**	1.89**
是否有兼业行为	0.026	0.78*	0.21	0.29	0.22	2.31**
家庭经营的土地面积	2.56**	4.96**	1.47*	0.18	0.39*	0.46*
农产品是否开展简要的包装及加工	3.64*	3.31**	2.26**	0.78**	1.11**	1.75**
农产品是否获得称号	0.78*	2.79**	4.79**	3.34**	2.39**	0.23
农产品主要销往的市场	-2.97*	1.14*	2.99**	1.93**	1.16**	4.36**

注：*、**表示系数分别在5%和1%水平上显著。下表皆同。

（2）农户特征对"大农场＋市场"交易方式的影响。农户特征中的"集体色彩"浓厚及与规模经营有关的部分对这种交易方式的选择具有显著的影响，如参加培训情况、家庭经营的土地面积、农产品是否开展简要的包装及加工、农产品是否获得称号等，而更多涉及农户个人特征的方面往往不具有显著的影响作用。

（3）农户特征对"农户＋龙头企业＋市场"交易方式的影响。农户的个人文化程度及经历、农户的农业经营规模，以及对农产品的加工程度使得农户更有意愿选择"农户＋龙头企业＋市场"的交易方式，尤其是农产品是否获得称号、农产品主要销往的市场，以及农产品是否开展简要的包装及加工等影响尤甚。

（4）农户特征对"农户＋合作社＋市场"交易方式的影响。相对于"农户＋龙头企业＋市场"带有一定"强制性"的交易方式而言，合作社参与的交易方式更多的是"合作社"型的关系，契约不完全。实证数据显示，绝大多数的农户特征都对这种交易方式的选择具有显著影响，仅有户主性别、务农年限、兼业行为，以及家庭经营的土地面积不具有统计上的显著性。

（5）农户特征对"农户＋农技协＋市场"交易方式的影响。这种交易方式与"农户＋合作社＋市场"最大的区别在于中介组织的差异，前者组织较为松散且入会门槛较低，后者具有盈利性有一定的门槛。但从实证结果来看，农户特征对这两种交易方式的影响呈现高度一致性，几乎没有差异（如表6－5所示）。

（6）农户特征对"农户＋经纪人＋市场"交易方式的影响。这种交易方式更多的受到了农户户主个人信息的影响，家庭经营规模、农户的兼业等也有较显著的影响，其中农产品主要销往的市场影响最大，主要原因可能是农户在流通覆盖面上的天然弱势使得农户对经纪人的依赖性更强。

2. 信息成本对农户交易方式选择的影响（如表 6 – 6 所示）

（1）信息成本对"单个农户 + 市场"交易方式的影响。信息成本对"单个农户 + 市场"的交易方式影响较大，作为单个农户来讲，在市场中处于绝对弱势地位，因此农户只能通过提升对信息的把握来减少在市场交易中的信息不对称性，进而保障自身利益。

（2）信息成本对"大农场 + 市场"交易方式的影响。尽管大农场具有规模化的优势，在信息的获取上占有一定优势，但由于组织的分散性，在协调内部成员一致性上具有一定的难度，因此信息成本对这种交易方式具有显著影响。

（3）信息成本对"农户 + 龙头企业 + 市场"交易方式的影响。这种交易方式更多的是依靠较强的契约而将各个主体联系在一起，合同在其中具有稳定各方关系的作用，因此这种交易方式受信息成本影响相对较少，实证数据证实了这一点。

（4）信息成本对"农户 + 合作社 + 市场"交易方式的影响。合作社作为一个以盈利为目的的经济组织，其获利能力受到其自身素质的较强约束，其中获取信息的能力是其自身素质的重要方面，因而信息成本是这类交易方式的重要影响因素。

（5）信息成本对"农户 + 农技协 + 市场"交易方式的影响。农技协是一个较为松散的社团组织，组织架构相对松散，对会员的凝聚力有限。其能给会员带来的实质利益是农户选择这种交易方式的主要考量，而市场信息就是这种实质利益的主要表现，因此信息成本对其影响显著。

（6）信息成本对"农户 + 经纪人 + 市场"交易方式的影响。相对于农户来讲，经纪人是市场信息的绝对掌握者，因此在这种交易方式中，信息成本对农户的影响是几种市场交易方式中最大的。

表 6 - 6　　　　　　信息成本对农户交易方式选择的影响

交易方式＼信息成本	单个农户＋市场	大农场＋市场	农户＋龙头企业＋市场	农户＋合作社＋市场	农户＋农技协＋市场	农户＋经纪人＋市场
是否及时知道价格信息	4.53 **	2.61 **	1.023	1.23 *	0.97 *	5.33 **
了解的是哪类市场价格信息	1.36 **	0.79 *	0.47	2.24 **	1.82 **	4.25 **
交易前了解几次价格信息	3.69 **	3.12 **	0.78	1.88 *	1.34 *	4.04 **

3. 谈判成本对农户交易方式选择的影响（如表 6 - 7 所示）

（1）谈判成本对"单个农户＋市场"交易方式的影响。单个农户往往更看重眼前利益，和交易对象大多是"一揽子"交易，较少考虑未来持续的合作；但农户由于受到自身素质的局限，又经常会对"较熟悉的买家"产生信任，形成事实上的交易关系的"锁定"效应。因此，"单个农户＋市场"交易方式具有突出的两面性，农户对买主熟知的广度和深度对这种交易方式具有显著的影响。

（2）谈判成本对"大农场＋市场"交易方式的影响。大农场的规模性会增加自身在交易中的谈判力，而对买主信息的掌握程度会进一步深层影响这种交易方式的稳定性。模型数据显示，谈判成本对"大农场＋市场"交易方式具有显著影响。

（3）谈判成本对"农户＋龙头企业＋市场"交易方式的影响。相较于其他几种交易方式，"农户＋龙头企业＋市场"具有天然的稳定性，这种稳定性在很大程度上会把其他潜在的卖家排斥在交易渠道之外，这种事实上的排他性交易模式谈判成本相对较低，统计数据显示为不显著。

(4) 谈判成本对"农户 + 合作社 + 市场"交易方式的影响。合作社对成员具有一定的约束力，作为合作社的社员在售卖农产品时，并没有完全的自主权，而较多依赖的是长期的合作关系。因而这种交易方式的谈判成本也相对较低。

(5) 谈判成本对"农户 + 农技协 + 市场"交易方式的影响。农技协并不具有龙头企业和合作社那样对成员的约束力，因此成员更有动机在有利可图的情况下去摆脱这种交易方式，因而谈判成本对这种交易方式具有一定的影响。

(6) 谈判成本对"农户 + 经纪人 + 市场"交易方式的影响。作为一种开放式的交易方式，农户对经纪人知晓和熟悉程度，会极大地影响其对这种交易方式的选择性，谈判成本对这种交易方式具有极其显著的影响。

表 6 - 7　　　　　　　谈判成本对农户交易方式选择的影响

交易方式 谈判成本	单个农户 + 市场	大农场 + 市场	农户 + 龙头 企业 + 市场	农户 + 合作 社 + 市场	农户 + 农技 协 + 市场	农户 + 经纪 人 + 市场
是否认识买主	0.76 **	1.31 **	0.23	0.87 *	1.62 **	2.23 **
买主来自何地	0.53 *	1.78 **	0.56	0.25	0.89 *	1.64 **
认识什么类型 的买主	0.39 *	0.85 *	0.39	0.19	1.45 **	0.97 *
认识几个同类 型的买主	1.56 **	0.99 **	0.85 *	0.64 *	2.21 **	2.52 **

4. 执行成本对农户交易方式选择的影响（如表 6 - 8 所示）

(1) 执行成本对"单个农户 + 市场"交易方式的影响。执行成本各个方面对"单个农户＋市场"交易方式的影响是存在较大差异的，是否需要检验、对质量是否有分歧、付款方式、是否有欠款，以及欠款比例等对农户选择这种交易方式具有显著的影响，而农户对交易所需的时间及是否签合同并不在意。由此可以看出，在"单个农户＋市场"交易方式中，农户更加关注买方对农产品质量的认定和对付款方式的选择。

（2）执行成本对"大农场＋市场"交易方式的影响。在这种交易方式中，是否需要检验、对质量是否有分歧、是否有欠款、欠款比例，尤其是是否签合同对农户选择这种交易方式具有显著影响，而交易所需的时间和付款方式却没有表现出显著性。由此可见，"大农场＋市场"交易方式中大农场仍对产品质量和欠款情况比较在意，尤其看重合同的问题也表明该交易方式所追求的交易的稳定性和长期性，对付款方式也有所让步。

表6-8　　　　　　　执行成本对农户交易方式选择的影响

执行成本 ＼ 交易方式	单个农户＋市场	大农场＋市场	农户＋龙头企业＋市场	农户＋合作社＋市场	农户＋农技协＋市场	农户＋经纪人＋市场
交易所需的时间	0.74	0.85	0.23	0.63*	0.78*	1.58**
是否需要检验	1.29**	1.87**	1.59**	1.59**	1.23**	1.39**
对质量是否有分歧	1.47**	1.36**	1.23**	0.94**	1.13**	2.23**
付款方式	1.64**	0.47	0.82	0.37*	0.64*	1.24**
是否有欠款	2.23**	1.26**	0.36	2.38**	1.67**	3.20**
欠款比例	2.56**	1.85**	1.37**	2.22**	1.39**	2.19**
是否签合同	0.39	2.35**	2.53**	0.56*	1.36**	0.23

（3）执行成本对"农户＋龙头企业＋市场"交易方式的影响。这种交易方式中，农产品是否需要检验、对质量是否有分歧、欠款

比例，以及是否签合同等对农户选择这种交易方式具有显著的影响，而农户对交易所需的时间、付款方式和是否有欠款并不在意。可能的原因是这种交易方式本身就是在合约的约束之下，对双方的权责利都有较为明确的界定，因此农户在这种交易方式之下更加关注对产品的认定及欠款等方面，对合同约定的内容并没有过多在意。

（4）执行成本对"农户＋合作社＋市场"交易方式的影响。执行成本的所有方面都显著影响着农户对这种交易方式的信任度，很显然改进这种交易方式中的执行成本更加有助于农户对这种交易方式的认可度，也更加有利于从执行成本角度改善这种交易方式对农户的吸引力。

（5）执行成本对"农户＋农技协＋市场"交易方式的影响。这种交易方式中，农户关注执行成本的所有方面，其中最关注的分别是是否有欠款和欠款比例，显然农户对资金的回款问题最为关注，也从一个侧面反映出农户对农技协及这种交易方式的不信任感，这也是农技协未来需要改进的地方。

（6）执行成本对"农户＋经纪人＋市场"交易方式的影响。在这种交易方式中，由于双方并不是长期紧密的交易关系，因此作为信息弱势方的农户对除合同之外的所有问题都相当关注，任何方面都显著影响着农户多交易方式所做出的抉择。

5. 运输成本对农户交易方式选择的影响（如表6－9所示）

（1）运输成本对"单个农户＋市场"交易方式的影响。农户的地理位置及交易地点等运输成本对单个农户选择交易方式具有重要影响，很多农户就是因为受制于交通条件才会做出并非自己最乐意的交易选择，所以运输成本对"单个农户＋市场"的交易方式具有显著的影响。

表 6 – 9　　　　　　　运输成本对农户交易方式选择的影响

运输成本＼交易方式	单个农户＋市场	大农场＋市场	农户＋龙头企业＋市场	农户＋合作社＋市场	农户＋农技协＋市场	农户＋经纪人＋市场
农户所处的地理位置	1.56 *	0.69	0.47	0.98 *	1.36 **	1.23 *
农户距农产品交易地点的距离	1.09 *	0.42	0.29	0.77 *	1.23 *	1.96 **
农户所拥有的交通工具情况	2.31 **	0.17	0.34	1.12 **	1.53 **	1.37 **

（2）运输成本对"大农场＋市场"交易方式的影响。一般而言，相较于普通单个农户，大农场都有一定摆脱地域和交通限制的能力，因此运输成本对这种交易方式的影响力较为有限。

（3）运输成本对"农户＋龙头企业＋市场"交易方式的影响。在这种"内化"的交易方式中，龙头企业很大程度地解决了农产品运输问题，因此在这种交易方式中，运输成本的影响力十分有限。

（4）运输成本对"农户＋合作社＋市场"交易方式的影响。合作社或多或少都具有一定的农产品运输能力，但没有龙头企业那么强的物流能力，因此运输成本对这种交易方式具有一定的影响。

（5）运输成本对"农户＋农技协＋市场"交易方式的影响。农技协的组织松散性使得交通运输条件对农户交易方式的选择更具有影响力，运输成本对这种交易方式仍具有显著的影响。

（6）运输成本对"农户＋经纪人＋市场"交易方式的影响。经纪人在很大程度上会弥补农户在交通运输方面的缺陷，特别是在交通条件相对恶劣的地方。在不同的交通环境下，经纪人所表现的市场力量具有非常大的差异。统计结果证实了运输成本对这种交易方式影响的显著性。

四、本章小结

本章主要探讨的问题有交易费用在农户选择不同的交易方式中究竟发挥着怎样的作用？不同的农产品交易方式中的农户交易费用是否一样？基于交易费用的分析，农户该如何选择交易方式才更有助于实现农产品的流通现代化？本章重点分析了交易费用的构成维度（信息成本、谈判成本、执行成本及运输成本）在"单个农户+市场""大农场+市场""农户+龙头企业+市场""农户+合作社+市场""农户+农技协+市场""农户+经纪人+市场"等几种流通模式中的影响。

（一）主要研究发现

（1）传统和具有现代特征的农产品交易模式并存于当前的农产品流通体系中，在农产品流通体系中扮演着重要的角色，对农户表现出不同的作用。

（2）就交易成本的节约角度看，农户的组织化行为更有利于保障和提升农户的利益，但不同的组织化形式又存在显著的差异性，总体来说，发生的交易费用由低到高依次为合作社、农技协、龙头企业、大农场、经纪人和单个农户。

（3）农户自身的特征对农户的农产品交易方式的选择具有显著影响，不仅农户特征的不同方面对交易方式的影响不同，而且农户特征也表现出对不同交易方式影响程度不同。

（4）交易成本是影响农户农产品交易方式选择的主要因素，但对于不同的农产品交易方式，信息成本、谈判成本、执行成本和运输成本表现出不同的影响力。

（5）农户以"抱团"形式集体进入市场更有利于改善农民利益，特别是农户合作色彩浓厚的合作社交易模式，在其他农户利益的诉求上比其他交易模式表现的更加出色。因此，从节约交易费用的角度看，农户选择农产品流通现代化的路径的优先顺序是：合作社＞农技协＞龙头企业＞大农场＞经纪人＞单个农户。

（二）政策含义

（1）鼓励农户主体选择或政策外推或主体选择与政策外推联合作用的各种农户提升自身组织化程度的探索，积极构建良好的政策制度环境，并保持政策的连续性和包容性。

（2）鼓励农民专业合作社的发育和发展，充分发挥其在农产品流通现代化的作用，但同时也要加强对合作社的监管，以便其职能能够充分发挥。

（3）审慎对待其他形式的农产品交易模式，这些交易模式在一些地区，在短时期内仍然有其巨大的发展空间和作用，因此应给予其发展现状以充分的包容，而不应该搞一刀切。

（4）加大对农产品市场信息建设、规制农产品的市场交易行为，进一步完善农产品市场交易制度，构建良好的市场交易环境和秩序。

（5）进一步加强基础设施建设，构建农产品流通的硬件环境，减少农产品流通的运输成本。

第七章

基于农户视角的农产品流通模式：农户福利考察

一、理论基础与实证框架

作为我国农业经营的主体，农户一定程度上具有在农产品流通中对交易对象的自主选择权，因而其在不同的农产品流通渠道中的福利状况直接影响着其对不同农产品流通渠道选择的偏好性，从而间接影响农产品流通现代化的路径选择。由于不同地区农产品流通业态发育水平的不同，从而不同地区的农户交易的对象也存在显著的差异，如有的地区农业公司较为发达，农户愿意通过其售卖农产品，而有的地区的农户可能更愿意把农产品交给合作经济组织来集体出售，而有的地区的农户可能更习惯于卖给当地的经纪人。显然不同的农产品售卖渠道给农户所带来的福利不尽相同，农户所选择的农产品交易方式一定是基于自身所处环境做出的最大化自身福利的选择。这种选择或许是因为有限的农产品交易方式所限，或许是因为在比较多种交易方式所带来的福利之后的理性选择。

采用交易成本的范式研究农户对交易方式比较与选择是当前学术界比较成熟的做法，这种研究范式的主要理念是从节约交易成本的角度研究不同交易模式对农户交易成本的影响，本书认为仅仅探讨交易成本对农户交易方式的选择存在一定的不足：交易成本只能反映交易关系对农户交易成本的影响，而无法刻画不同交易方式下农户福利的差异，也无法全面洞悉何种交易方式更适合农户尽快融入和实现农产品流通现代化。因此，要全面分析实现农产品流通现代化的农户路径选择的问题，除了要考察不同交易方式下农户交易成本的差异性，还需考察不同交易方式对农户福利的影响。

较少有学者对农户在不同农产品交易方式中的福利问题进行研究，几乎没有学者对农户在不同交易方式下的福利效应进行比较研究。传统对福利效应的评判来自于经典的经济学理论，新老福利经济学学者（如边沁、艾奇沃斯、马歇尔、庇古、帕累托等）更多采用"效用"来定义福利。他们认为福利是个人或集体偏好的反映，是由于消费一定的商品或服务而得到的效用，而效用又被定义为一个人或集体所获得的幸福、满足程度或者愿望的实现。由于效用的评判太过主观而难以评判，在实际的研究中多采用"收入"来近似代替"效用"以评判福利。然而仅用"收入"来评判福利显得过于片面，只能反映出个人或集体所获得的货币差异，而无法衡量其他影响福利的因素，如对风险的规避、交易争端的解决等。

本章拟采用森的可行能力理论构建农户在不同交易方式下的福利评价体系，并采用模糊评价法评价不同交易模式下的农户福利，进而比较在不同交易模式中的农户福利。利用鄂赣川渝四省市农户调查的数据资料，从农户福利角度，基于森的可行能力分析框架，评判和比较不同的农产品交易方式对农户福利的影响，从而识别出能最大化农户福利的交易方式，进而为我国农产品流通现代化进程中"小生产"现代化的路径选择提供依据。本章为了探究不同的农产品市场交易模式中农户福利的差异，参照前人的研究成果，本书基于森的可行能力构建了以下农户福利分析框架（如图 7 - 1 所示）：

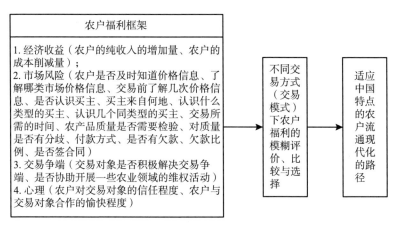

农户福利框架

1. 经济收益（农户的纯收入的增加量、农户的成本削减量）；
2. 市场风险（农户是否及时知道价格信息、了解哪类市场价格信息、交易前了解几次价格信息、是否认识买主、买主来自何地、认识什么类型的买主、认识几个同类型的买主、交易所需的时间、农产品质量是否需要检验、对质量是否有分歧、付款方式、是否有欠款、欠款比例、是否签合同）
3. 交易争端（交易对象是否积极解决交易争端、是否协助开展一些农业领域的维权活动）
4. 心理（农户对交易对象的信任程度、农户与交易对象合作的愉快程度）

不同交易方式（交易模式）下农户福利的模糊评价、比较与选择

适应中国特点的农户流通现代化的路径

图 7 - 1　理论模型与实证分析框架

二、农户福利的构成——以森的可行能力为理论基础

（一）农户福利的功能指标确定

虽然森把可行能力作为农户福利的主要内容，但由于能力不可直接测量，所以一般把测量对象的功能性活动作为其能力的外在表达，通常的做法是通过测量和评估功能性活动来测量福利。选择居住条件、健康状况、教育和知识、社交、心理状况五个方面的功能

性活动成为国内外学者研究个体福利的通行做法，也有研究加入了劳动力市场状态和家庭经济资源两个功能性活动（高进云、周智、乔荣锋，2010）。本书农户所要考察的农户福利问题，则是评价农户在不同交易模式下农户的主要功能性活动。在不同的农产品交易模式下，由于农户所处交易环境和交易对象等的不同，农户的功能性活动也不相同。相对于单个农户，农户以组织化方式参与农产品流通除获得经济收入以外还获得了更多的利益，如有助于减少市场和交易风险能在一定程度上帮助解决交易争端等。因此，本书参照前人研究成果和研究对象的特点，着重考察以下功能性活动：

1. 农户经济收益

尽管经济收益不能全面刻画农户的福利状况，但在中国当前的实际情况下，经济收益能够显著的提升农户的生活质量，因此经济收益是农户选择不同交易模式的主要功能性活动，也是农户福利来源的重要组成部分。不同的交易模式给农户所带来的经济收益（收入增加和成本降低）是存在很大差异的，如农户通过合作经济组织或龙头企业参与农产品流通不仅能增强自身的议价能力而且收入也能增加，由于能集体采购农资从而也达到了成本削减的目的；但同时也丧失了一定的自由交易权。而通过直接售卖或售卖给经纪人或批发商则可能无法享有上述交易模式所带来的组织化溢价，但却拥有较大的自主交易权。对中国大多数农户而言，经济因素是其做出某种选择的决定性因素，甚至是唯一的因素。因此，不同交易模式中影响农户福利的重要内容是农户的经济收益。

本书把农户的经济收益界定为两个方面：一是农户的纯收入的增加量或增加率，二是农户的成本削减量或降低率。本书将采用农户的纯收入的增加量和农户的成本削减量两个指标来衡量。

2. 市场风险

普遍认为农户是一个同时承受着自然风险和市场风险的弱势群体，由于受到自身素质不高和组织化程度低的影响，市场风险对农户的影响甚至大于自然风险。因此，对市场交易风险的规避很大程度上成为农户选择不同交易方式的主要考虑因素，也成为农户整体福利的重要影响因素。一般来讲，农户通过"龙头企业"或合作经济组织来售卖其农产品，能够通过契约方式弱化农户的市场交易风险，有助于稳定农户的收益。而农户通过直接售卖或和零售商、批发商的交易却带有一定的偶然性，由于与交易对象的不确定而导致交易中的投机行为使得处于信息弱势一方的农户承受着巨大的市场风险。因此，市场风险的大小也必须是本书测度农户福利所必须考虑的因素。

本书所选取的反映农户市场风险的指标主要有农户是否及时知道价格信息、了解哪类市场价格信息、交易前了解几次价格信息、是否认识买主、买主来自何地、认识什么类型的买主、认识几个同类型的买主、交易所需的时间、是否需要检验、对质量是否有分歧、付款方式、是否有欠款、欠款比例、是否签合同等。

3. 交易争端

由于农产品自身所具有易损耗、不易运输储存、规格多样且对产品质量认定困难等的特性，农产品交易争端是农产品交易中普遍存在的问题。通常而言，由于在市场交易中的弱势地位，农户是农产品交易争端的最大受害者。很多研究证实，交易争端的多寡及解决的难易程度对农户选择交易对象具有重要的影响。在实际的交易中，交易争端较少的交易对象很容易对农户交易对象的选择产生"锁定"效应，并对其之后的交易产生严重的路径依赖。这在很大程度上反映了农户对交易争端的态度，这种态度也是农户福利的重要来源。

本书所选取的反映农户交易争端的指标主要有交易对象是否积极解决交易争端、是否协助开展一些农业领域的维权活动等。

4. 心理

处于弱势地位的农户，在交易中天然的表现出心理上的弱势，承受着巨大的心理压力。在森的福利框架中，心理上的满足和快乐也是福利的重要部分，因此本书也把心理因素纳入进来进一步补充上述功能性活动对农户福利的评价结论。

本书主要以农户在交易过程中的主观感受和认知程度来刻画，衡量的指标主要选取农户对交易对象的信任程度、农户与交易对象合作的愉快程度等。

（二）转换因素的确定

在森的福利理论框架中，除了以功能性活动来衡量福利内容以外，转换因素（conversion factors）在其中也扮演着极为重要的角色。森把转换因素界定为由于个人、社会、环境等差异而导致的商品或服务向福利转换的差异，并把导致福利差异性的因素归结为以下五个方面：个人异质性、环境多样性、社会氛围差异、人际关系差异和家庭内部分配（森，2002）。因此，从某种意义上说转换因素直接决定着功能性活动向福利的"转化效率"。转化因素更多的是为了将福利的产生界定在一个范围框架之中，排除外在因素的影响，识别促进或阻碍福利产生的因素，从而得出更为准确的研究结论。

基于森对福利产生差异性的归纳和本书的实际情况，本书将转换因素确定为农户特征、农产品属性、农户所处的社会经济环境，以及农户所处的自然环境和地理区位。农户特征指标着重刻画个人异质性、人际关系差异和家庭内部分配对农户福利的影响；而农产品属性则是为了补充个人异质性对农户福利转化的影响；农户所处的社会经济环境，以及农户所处的自然环境和地理区位则是为了反映环境多样性和社会氛围差异对农户福利转换的影响。

1. 农户特征

农户作为自身福利的"制造者"和"感受者"，其特征直接影响着农户福利的实现程度。本书将重点考察以下有关农户特征的指标：劳动力占家庭人口比例、户主年龄、务农年限、户主经历、户主的文化程度、家庭经营的土地面积、是否有兼业行为等。一般而言，户主年龄、务农年限、户主经历、户主的文化程度，这些体现户主自身素质的因素会在很大程度上影响着农户决策活动的正确性，这些决策活动又和农户福利的转换效率密切相关；劳动力占家庭人口比例、家庭经营的土地面积和是否有兼业行为则更多体现的是农户农业收益与福利的关系。因此我们把这些因素也作为农户福利的转换因素。

2. 农产品属性

农产品是一种特殊的商品，其自然属性和经济属性也在一定程度上影响着以上功能性活动转化为农户福利的"效率"。本书所考察的主要是农产品的经济属性，主要包括农产品是否开展简要的包装及加工、农产品是否获得一些称号（如绿色农产品称号、有机农产品称号、全国及地区名牌产品等）、农产品主要销往的市场等。农产品是否开展简要的包装及加工不仅能够为农产品增加一定的附加值，也有利于农产品的跨区域、低损耗的转运，有助于实现农产品的更高价值；农产品是否获得称号则通常比一般未获得称号的农产品更能获取溢价，也有助于吸引更多买家，增强了农户在交易中的自主权；农产品主要销往的市场则一定程度上反映了农产品在市场上的受欢迎程度和被替代程度，也是农产品价值的重要体现。

3. 农户所处的社会经济环境

本书认为农户所处的社会经济环境在很大程度上反映了该地区农产品潜在交易对象的丰富程度，农产品潜在交易对象的丰富程度在很大程度上提供给农户更多的交易方式的自由选择权。而自由权则被森认定为是福利最重要的组成部分之一。农产品潜在交易对象丰富不仅能使农户摆脱农户对交易对象的依赖，增强在农产品交易中的主导权，更为重要的是能够使农户增强在交易中讨价还价的能力，切实增加自身经济利益。一般而言，社会经济状况较好的地区，都拥有更为丰富的农产品买家或潜在买家且买家之间势力相对均衡，而社会经济条件相对落后的地区，通常是交易买家占据主导地位。本书主要采用地区经济发展水平来衡量农户所处的社会经济环境，选取的指标主要有：人均 GDP、城镇及农村人均纯收入。

4. 农户所处的自然环境和地理区位

自然环境和地理区位对农户的功能性活动具有很大的影响，自然环境和地理区位的不同，农户选择交易对象的机会就不同。通常农产品需要大规模的运输和转运，因此农户所处的自然环境和地理区位则会影响农产品运输和转运的便捷和经济程度。一般而言，地理区位较好的地区具有发达的基础设施和完善的交通条件，很大程度上能降低交易的运输成本；而自然环境恶劣和地理区位不好的地区通常基础设施薄弱、交通条件较差，常常面临农产品运不出去的问题，运输成本较高，许多农产品市场主体不愿意到这些地区从而导致这些地区的农户对交易对象选择的机会有限。本书拟采用农户所处的地理位置、农户距农产品交易地点的距离，以及农户距离最近公路的距离等指标来刻画。

农户福利构成与转换因素如表 7 - 1 所示：

表 7 - 1　　　　　　　　农户福利构成与转换因素

	内容	指标
农户福利构成	农户经济收益 X_1	农户的纯收入的增加量、农户的成本削减量
	市场风险 X_2	农户是否及时知道价格信息、了解哪类市场价格信息、交易前了解几次价格信息、是否认识买主、买主来自何地、认识什么类型的买主、认识几个同类型的买主、交易所需的时间、是否需要检验、对质量是否有分歧、付款方式、是否有欠款、欠款比例、是否签合同
	交易争端 X_3	交易对象是否积极解决交易争端、是否协助开展一些农业领域的维权活动
	心理 X_4	农户对交易对象的信任程度、农户与交易对象合作的愉快程度
转换因素	农户特征 T_1	劳动力占家庭人口比例、户主年龄、务农年限、户主经历、户主的文化程度、家庭经营的土地面积、是否有兼业行为
	农产品属性 T_2	农产品是否开展简要的包装及加工、农产品是否获得称号、农产品主要销往的市场
	农户所处的社会经济环境 T_3	人均 GDP、城镇及农村人均纯收入
	农户所处的自然环境和地理区位 T_4	农户所处的地理位置、农户距农产品交易地点的距离，以及农户距离最近公路的距离

三、方法选择与实证结果

（一）评价方法选择

由于我们所研究的农户福利在测度中存在较大困难，福利在本质上的模糊性和复杂性使得我们很难将其精确度量。森认为福利是一个广泛和在一定程度上模糊的概念（森，2002），因此我们在实际生活中很难得出福利状况绝对好坏的结论。模糊数学方法为这类问题提供了一个解决途径，并被广泛应用于公平、福利等难以精确测量的研究领域（高进云、乔荣锋、张安录，2007）。而在农户福利测度的研究中，本书选取了一些主观评价指标，这些主观指标本身具有模糊性，这就更契合了模糊数学方法在本书中的优势。因此本章将采用模糊数学方法计算农户在不同农产品流通模式中的福利模糊评价值。

（二）对农户福利的模糊评价

1. 设定福利的模糊函数

将农户福利状况表示为模糊集 X，设农户的福利为 X 的子集 W，则第 n 个农户的福利函数可表示为：

$$W^{(n)} = \{x, \mu_w(x)\}, \ x \in X, \ \mu_w(x) \in [0, 1] \qquad (1)$$

一般设定隶属度为 1 时福利处于绝对好的状态，为 0 时状况绝对差，等于 0.5 时其状态最模糊，不好也不坏，隶属度值越大表示农户的福利状况越好。

2. 隶属函数的设定

运用模糊方法的关键问题之一在于选择合适的隶属函数。隶属函数的选择依赖于研究背景和指标的类型。一般情况下，指标变量分为 3 种类型：虚拟二分变量、连续变量和虚拟定性变量（Miceli，1998）。设 x_i 是由初级指标决定的农民福利的第 i 个功能子集，农民福利的初级指标为 $x = [x_{11}, \cdots, x_{ij}, \cdots,]$。

选择虚拟二分变量的情况一般是因为对象是非模糊的，只存在两种情况，因此其隶属函数可写为：

$$\mu(x_{ij}) = \begin{cases} 0 & x_{ij} = 0 \\ 1 & x_{ij} = 1 \end{cases} \quad (2)$$

此式表示，当农户拥有商品 x_{ij} 时，该指标对于第 i 个功能子集的隶属度等于 1，没有时为 0。

当指标变量为连续值时，西瑞奥利和扎尼（Cerioli & Zani, 1990）将连续变量的隶属函数定义为：

$$\mu(x_{ij}) = \begin{cases} 0 & 0 \leqslant x_{ij} \leqslant x_{ij}^{\min} \\ \dfrac{x_{ij} - x_{ij}^{\min}}{x_{ij}^{\max} - x_{ij}^{\min}} & x_{ij}^{\min} < x_{ij} < x_{ij}^{\max} \\ 1 & x_{ij} \geqslant x_{ij}^{\max} \end{cases} \quad (3)$$

$$\mu(x_{ij}) = \begin{cases} 0 & 0 \leqslant x_{ij} \leqslant x_{ij}^{\min} \\ \dfrac{x_{ij}^{\max} - x_{ij}}{x_{ij}^{\max} - x_{ij}^{\min}} & x_{ij}^{\min} < x_{ij} < x_{ij}^{\max} \\ 1 & x_{ij} \geqslant x_{ij}^{\max} \end{cases} \quad (4)$$

其中，$x_{ij}^{\max}$ 表示如果农户家庭第 i 个功能子集中第 j 个指标的取值大于或等于这个数，那么其状况肯定是好的；$x_{ij}^{\min}$ 则表示如果指标值小于或等于这个数，其状况肯定是差的。$\mu(x_{ij})$ 值越大，说明福利状况越好。（3）式表示指标 x_{ij} 与福利状况呈正向相关关系，即 x_{ij} 的值越大福利状况越好，而（4）式正好相反，适用于福利状况随指标反向变动的情况。

在对福利进行评估时，所研究的内容常常无法得到定量的数据，只能通过语言定性描述，这就是虚拟定性变量。虚拟定性变量是对研究对象进行不同程度的主观评价。例如在对一种状况进行满意程度的评价时，可以设置：很满意，一般满意，不满意，很不满意这四种状态。假设一项研究中有 m 种状态，为这 m 种状态依次赋值 $x_{ij} = \{ x_{ij}^{(1)}, \cdots, x_{ij}^{(m)} \}$，这些值等距分布，值越大表示福利状况越好。通常设 $x_{ij}^{(1)} < \cdots < x_{ij}^{(l)} < \cdots < x_{ij}^{(m)}$ 且 $x_{ij}^{(l)} = l(l = 1, \cdots, m)$（Miceli，1998）。

西瑞奥利和扎尼（Cerioli & Zani，1990）将这类虚拟定性变量的隶属函数设为：

$$\mu(x_{ij}) = \begin{cases} 0 & x_{ij} \leqslant x_{ij}^{\min} \\ \dfrac{x_{ij} - x_{ij}^{\min}}{x_{ij}^{\max} - x_{ij}^{\min}} & x_{ij}^{\min} < x_{ij} < x_{ij}^{\max} \\ 1 & x_{ij} \geqslant x_{ij}^{\max} \end{cases} \tag{5}$$

（5）式中，$x_{ij}^{\max}$ 和 $x_{ij}^{\min}$ 分别表示指标 x_{ij} 最大和最小的取值。

3. 指标的加总

在得到初级指标隶属度的基础上，需要进一步将隶属度加总成一个综合指标，这就涉及指标的权重问题。如果认为各指标的重要性难分伯仲，那么可采用马汀蒂（Martinetti，2000）提出的（5）式来获得指标的加总：

$$h_{\alpha} = (a_1, a_2, \cdots, a_k) = \left[(a_1^{\alpha} + a_2^{\alpha} + \cdots + a_k^{\alpha})/k \right]^{1/\alpha} \tag{6}$$

其中，$a_1, a_2, \cdots, a_k$ 是各指标的隶属度取值，$\alpha \neq 0$。当 $\alpha = 1$ 时，（6）式计算的是算术平均；$\alpha = -1$ 时，计算其调和平均数；$\alpha \to 0$ 时，得到的是几何平均数。

而如果认为各指标在福利获得的过程中起的作用各不相同，就需要根据理论和实际为各指标赋予不同的权重。

切尼和莱米（Cheli & Lemmi，1995）将权重结构定义为（7）式：

$$\omega = \ln \left[\frac{1}{\overline{\mu(x_{ij})}} \right]; \quad 其中，\overline{\mu(x_{ij})} = \frac{1}{n} \sum_{p=1}^{n} \mu(x_{ij})^{(p)} \tag{7}$$

反映 n 个农户第 i 个功能子集中第 j 项指标的均值。该权重公式可保证给子隶属度较小的变量以较大的权重，在福利评价时更关注获得程度较低的指标和功能。

在获得初级指标隶属度和权重的基础上，就可计算各功能的隶属度，西瑞奥利和扎尼（Cerioli & Zani，1990）提出使用（8）式的加总公式：

$$f(x_{i.}) = \sum_{j=1}^{k} \overline{\mu(x_{ij})} \times \frac{\omega_{ij}}{\sum_{j=1}^{k} \omega_{ij}} \qquad (8)$$

其中，k 表示在第 i 个功能子集中包含 k 个初级指标。该公式可保证在其他农户福利状况不变的情况下，提高某中个农户的福利指标隶属度水平，农户整体的水平是增加的。

（三）实证结果分析

1. 不同交易方式中农户福利的模糊指标评价结果

（1）从总体来看，六类农产品交易方式下农户的福利水平具有较为显著的差异。"单个农户＋市场"和"农户＋龙头企业＋市场"的交易方式中，农户的福利水平最低（福利水平分别为 0.249 和 0.303）；而"大农场＋市场"和"农户＋经纪人＋市场"的交易方式中，农户的福利水平则整体处于 0.400 ~ 0.500 的水平上（福利水平分别为 0.449 和 0.451），接近于 0.500 的模糊福利状态；"农户＋合作社＋市场"和"农户＋农技协＋市场"的交易方式中，农户的福利水平则处于较高的状态（福利水平分别为 0.671 和 0.565）。由此可见，六类农产品交易方式中，农户福利水平处在三个显著不同的水平上，总体而言，"农户＋合作社＋市场" ＞ "农户＋农技协＋市场" ＞ "农户＋经纪人＋市场" ＞ "大农场＋市场" ＞ "农户＋龙头企业＋市场" ＞ "单个农户＋市场"。六类农产品交易方式中农户的福利水平竟有两倍的差距。

（2）在农户的经济收益方面。由于不同的交易方式所提供给农户不同的交易价格和谈判能力，因而不同的交易方式中农户的经济收益会有所差异。模糊评价结果显示，六类农产品交易方式中，农户的福利状况呈现出显著的两极分化的状态。"单个农户＋市场""大农场＋市场"及"农户＋经纪人＋市场"的交易方式中，农户的福利水平较低（福利水平分别为0.264、0.229和0.292），均显著的低于"农户＋龙头企业＋市场""农户＋合作社＋市场"和"农户＋农技协＋市场"（福利水平分别为0.521、0.573和0.518）三类农户通过一定组织形式参与农产品流通的交易方式。由此可见，在农产品流通中，农户的较高组织化程度能显著的改善农户的福利水平。

（3）在市场风险方面。一般而言，不同的交易方式意味着和不同的交易主体进行交易，从而给农户带来不同的市场风险。通过对农户的农产品市场交易中不同的风险模糊评价（如表7-2所示），本书得出以下结论：不同的交易方式中，农户呈现完全不同的福利状态，且农户的福利水平在六类农产品交易方式下呈现显著的梯次变化。详细来看，"农户＋农技协＋市场"＞"农户＋合作社＋市场"＞"农户＋龙头企业＋市场"＞"单个农户＋市场"＞"大农场＋市场"＞"农户＋经纪人＋市场"。总体而言，农户的组织化程度越高越能显著的帮助农户规避市场风险；而"单个农户＋市场"交易方式中农户的福利水平并未处在最低水平的可能原因是单个农户在市场交易中总是倾向于保守的交易决策行为；"农户＋经纪人＋市场"交易方式中农户福利水平最低则表明农户普遍表现出对经纪人的不信任，也可能是经纪人更可能让农户产生在交易中的不安全感。

表 7-2　不同交易方式下农户福利状况的模糊评价

应获得的功能性活动及指标	变量类型	隶属度					
		单个农户+市场	大农场+市场	农户+龙头企业+市场	农户+合作社+市场	农户+农技协+市场	农户+经纪人+市场
1. 农户经济收益 X_1	—	0.264	0.229	0.521	0.573	0.518	0.292
1.1 纯收入增加量 X_{11}	C	0.218	0.047	0.275	0.057	0.303	0.063
1.2 成本削减量 X_{12}	C	0.310	0.558	0.255	0.499	0.411	0.674
2. 市场风险 X_2	—	0.313	0.276	0.473	0.573	0.605	0.125
2.1 农户是否及时知道价格信息 X_{21}	D	0.397	0.065	0.517	0.067	0.316	0.032
2.2 了解哪类市场价格信息 X_{22}	Q	0.466	0.190	0.547	0.177	0.230	0.110
2.3 交易前了解几次价格信息 X_{23}	C	0.750	0.244	0.762	0.237	0.742	0.253
2.4 是否认识买主 X_{24}	D	0.245	0.324	0.231	0.329	0.214	0.312
2.5 买主来自何地 X_{25}	Q	0.274	0.263	0.295	0.333	0.278	0.266
2.6 认识什么类型的买主 X_{26}	Q	0.819	0.895	0.692	0.769	0.728	0.941
2.7 认识几个同类型的买主 X_{27}	C	0.566	0.818	0.4714	0.721	0.808	0.988
2.8 交易所需的时间 X_{28}	C	0.470	0.430	0.537	0.470	0.441	0.217
2.9 是否需要检验 X_{29}	D	0.244	0.327	0.197	0.192	0.254	0.435
2.10 对质量是否有分歧 X_{210}	D	0.172	0.236	0.107	0.170	0.167	0.253
2.11 付款方式 X_{211}	Q	0.149	0.227	0.070	0.140	0.153	0.321
2.12 是否有欠款 X_{212}	D	0.154	0.217	0.086	0.144	0.167	0.421

续表

应获得的功能性活动及指标	变量类型	隶属度					
		单个农户+市场	大农场+市场	农户+龙头企业+市场	农户+合作社+市场	农户+农技协+市场	农户+经纪人+市场
2.13 欠款比例 X_{213}	C	0.351	0.3375	0.295	0.324	0.388	0.197
2.14 是否签合同 X_{214}	D	0.1115	0.008	0.785	0.381	0.030	0.242
3. 交易争端 X_3	—	0.139	0.481	0.226	0.570	0.535	0.246
3.1 交易对象是否积极解决交易争端 X_{31}	D	0.470	0.430	0.537	0.470	0.441	0.235
3.2 是否协助开展一些农业领域的维权活动 X_{32}	D	0.258	0.321	0.452	0.632	0.123	0.441
4. 心理 X_4	—	0.224	0.441	0.476	0.652	0.574	0.314
4.1 农户对交易对象的信任程度 X_{41}	Q	0.116	0.008	0.143	0.030	0.219	0.231
4.2 农户与交易对象合作的愉快程度 X_{42}	Q	0.484	0.785	0.394	0.242	0.167	0.153
总模糊指数	—	0.249	0.449	0.303	0.671	0.565	0.451

注：变量类型中C表示连续变量，Q表示虚拟定性变量，D表示虚拟二分变量，计算过程中，为符合数学意义，将数值1和0分别改为0.999和0.0010。

（4）在交易争端方面。不同的交易方式，由于交易对象的不同，往往交易争端也有显著差异性。一般而言，具有重复交易特征的交易方式所产生的交易争端不仅少而且也好解决；而具有"一揽子"交易特征的交易方式经常容易产生各种各样的交易争端。对六种不同的交易方式中农户福利水平的模糊评价显示：不同的交易方式中农户的福利水平具有显著的差异性。具体而言，农户以合作经济组织的方式参与农产品市场交易带给农户的福利水平最高，如"农户+农技协+市场"和"农户+合作社+市场"的市场交易方式（福利水平分别为0.535和0.570）。"大农场+市场"的交易方式中农户的福利水平则接近于0.500的模糊福利状态（福利水平为0.481），即福利状态为既不好也不坏。而"农户+龙头企业+市场""单个农户+市场"及"农户+经纪人+市场"的交易方式则给农户造成了较差的福利水平（福利水平分别为0.226、0.139和0.246）。造成这种现象可能的原因是"农户+龙头企业+市场"的交易方式由于大都是契约农业，而这种方式下契约的履行带有很大的难度，容易产生纠纷；而"单个农户+市场"的交易方式通常农户交易的对象具有不确定性，从而给农户带来交易的不安全感，增加了交易的争端；"农户+经纪人+市场"的交易方式中，农户既依赖又提防于经纪人的矛盾心理，容易导致纠纷的产生。综上所述，在解决交易争端方面，组织化程度较高的农户更有助于保障农户的利益。

（5）在农户的心理状况方面。本书主要选取了"农户对交易对象的信任程度"和"农户与交易对象合作的愉快程度"两个指标来反映农户在不同的交易方式中的心理状况。对六种不同的交易方式中农户福利水平的模糊评价显示，六种不同的交易方式中农户福利水平呈现出显著的三种特征：以"农户+农技协+市场"和"农户+合作社+市场"为代表的具有较高组织化程度的市场交易

方式中，农户表现出较高的福利状态水平（福利水平分别为 0.574
和 0.652）；以"大农场 + 市场"和"农户 + 龙头企业 + 市场"为
代表的农户通过其他方式参与市场交易的交易方式中，农户的福利
状态水平不好也不坏（福利水平分别为 0.441 和 0.476）；而以
"单个农户 + 市场"和"农户 + 经纪人 + 市场"为代表的具有开放
交易对象特征的交易方式中，农户的福利状态水平则处于较差的水
平（福利水平分别为 0.224 和 0.314）。

2. 不同交易方式中农户总体福利状况

各功能隶属度农户比重分布如表 7 - 3 所示：

表 7 - 3　　　　　　各功能隶属度农户比重分布（%）

比重 隶属度	总模糊指数					
	单个农户 + 市场	大农场 + 市场	农户 + 龙头 企业 + 市场	农户 + 合作 社 + 市场	农户 + 农技 协 + 市场	农户 + 经纪 人 + 市场
0.000 ~ 0.100	0.0	0.0	0.0	0.0	0.0	0.0
0.101 ~ 0.200	30.1	22.7	7.6	0.0	0.0	12.2
0.201 ~ 0.300	21.3	13.0	15.7	4.2	3.4	50.7
0.301 ~ 0.400	22.5	16.5	12.6	14.5	14.0	28.6
0.401 ~ 0.500	13.8	37.6	23.7	19.5	20.8	7.8
0.501 ~ 0.600	12.3	10.1	20.3	25.1	27.3	0.8
0.601 ~ 0.700	0.0	0.1	20.1	35.3	31.8	0.0
0.701 ~ 0.800	0.0	0.0	0.0	1.4	2.7	0.0
0.801 ~ 0.900	0.0	0.0	0.0	0.0	0.0	0.0
0.901 ~ 1.000	0.0	0.0	0.0	0.0	0.0	0.0

注：限于篇幅，本表没有报告具体的农产品各交易方式中的功能性活动的比重情况。

农户福利的总体水平分析结果如下：

（1）从"单个农户 + 市场"的交易方式来看，大部分的农户
的福利水平处于较差的 0.101 ~ 0.200 之内（占比 30.1%），高达

73.9%的农户处在低于0.400的低福利水平上；剩余农户（26.1%）的福利水平不好也不坏。由此反映出"单个农户+市场"的交易方式中农户的整体福利水平较低。

（2）从"大农场+市场"的交易方式来看，多达47.7%农户的福利水平处在0.500的模糊福利水平附近，剩余的绝大多数农户（52.2%）处在低于0.400的低福利水平区间内，仅有0.1%的农户处在较高福利水平的区间内。由此可见，"大农场+市场"的交易方式中的绝大多数农户处在模糊及较低的福利水平上。

（3）从"农户+龙头企业+市场"的交易方式来看，多达44%的农户的福利水平处在0.500的模糊福利水平附近，尽管有多达35.9%的农户处于较低的福利水平，但也有20.1%的农户处于较高的福利水平上，显然"农户+龙头企业+市场"的交易方式中农户的福利状态表现出离散化的特征。由此也反映出，从农户福利角度而言，农户对"农户+龙头企业+市场"的交易方式的认可存在一定的分歧。

（4）"农户+合作社+市场"和"农户+农技协+市场"的市场交易方式在农户福利上存在着类似的分布特征。两类交易方式分别有44.6%和48.1%的农户处在0.500的模糊福利水平附近；同时也分别有36.7%和34.5%的农户处在较高的福利水平上，尽管也有一定数量的农户处在较低的福利水平上（分别为18.7%和17.4%），但较高福利水平的农户显著的高于处在较低的福利水平上的农户的数量。两类交易方式中，处在较高福利水平上的农户数量分别是处在较低福利水平数量的1.96倍和1.98倍。显然，较高的农户组织化程度有助于显著改善农户在农产品交易中的福利水平。

（5）从"农户+经纪人+市场"的交易方式来看，有超过一半（50.7%）的农户处在0.201~0.300的福利区间内，有高达

91.4%的农户处在低于0.400的低水平的福利区间内，剩余的农户（8.6%）均处在0.500的模糊福利水平附近。由此可见，"农户＋经纪人＋市场"的交易方式中农户的福利水平均处在较低的水平内，也是六类农产品交易方式中农户平均福利水平最低的交易方式。

四、本 章 小 结

本章主要解决农户福利对农户选择农产品流通模式的影响。农户福利直接影响农户自主选择农产品交易方式的自觉性，本章以森的可行能力理论为基础，通过模糊评价法评价了"单个农户＋市场""大农场＋市场""农户＋龙头企业＋市场""农户＋合作社＋市场""农户＋农技协＋市场""农户＋经纪人＋市场"等几种流通模式中农户的福利问题，为农户的农产品流通现代化提供了实证依据。

通过对不同交易方式中农户福利的模糊指标评价结果显示，不同农产品交易方式下的农户福利水平具有较为显著的差异，本章所考察的六类农产品交易方式中，农户总体福利水平处在三个显著不同的水平上："单个农户＋市场"和"农户＋龙头企业＋市场"的交易方式中的农户福利处在较低的水平上；"大农场＋市场"和"农户＋经纪人＋市场"的交易方式中的农户福利水平处在模糊的福利状态；而"农户＋合作社＋市场"和"农户＋农技协＋市场"的交易方式中的农户福利水平处在相对较高的福利水平上。

第八章

基于农户视角的农产品
流通新模式：农超对接

一、农民合作经济组织的流通联结模式

《合作社法》颁布实施以来，农民合作经济组织参与农产品流通越来越成为一种趋势和现实，特别是在组织生产和组织流通等方面发挥着日益重要的作用，同时也对整个农产品流通系统产生了广泛而深远的影响，带来了农产品流通领域新的理论和实践课题。在这种背景下，研究农产品流通中农民合作经济组织的联结模式、职能发挥和绩效问题具有重大的理论意义和现实意义。从理论上来看，长期以来，农产品流通中小农户的组织化问题、小农户进入市场的方式和路径问题是国内外学术界持续关注的理论问题。农民合作经济组织在农产品流通的职能和绩效问题也得到了一些学者的关注和研究，但缺乏对这一领域的系统而深入的研究。从农民合作经济组织参与农产品现代流通的实践来看，在农产品现代流通中，"农业合作经济组织"运用什么样的组织形式和运行机制，关系到分散的小农户进入大市场的路径选择问题，关系到农民的组织化问

题和农产品现代流通体系的构建，甚至影响着"三农"问题的解决。

《合作社法》颁布实施以来，农民合作经济组织（特别是合作社）在全国各地得到了迅速发展，成为联结"小农户"与"大市场"的一条重要路径，在组织农户生产和组织农产品流通等方面发挥着日益重要的作用。特别是由商务部和农业部等中央部委所主推的在全国范围展开的"农超对接"工程，把农民专业合作社作为农产品流通的主体参与现代农产品流通系统，减少了中间环节，实现了农民收入的增加、中间商利润的提升和消费者福利的改善，取得了良好的经济效益和社会效益。但与此同时，当前绝大多数的合作社的发展现状、功能发挥，以及自身治理等方面与《合作社法》所规定的规范的合作社还存在较大的差距，严重制约着合作社在农产品流通领域职能的发挥和参与农产品流通绩效的提升。

当前，虽然农民合作经济组织广泛的参与了农产品流通，并发挥着日益重要的作用，但"小生产"与"大市场"对接的现状并未从根本上得以改变，绝大多数的农民仍然是以无序、自发、分散的方式参与到农产品流通，自身弱势的地位并未从整体上得到改观。国外经验和我国一些地区的实践证明，规范的合作社在构建农产品现代流通体系上的作用应该充分发挥。因此，现代农产品流通体系需要更多规范的合作社的参与。面对农民合作经济组织参与农产品流通的联结模式与绩效问题，本书将开展深入而系统的研究，为更好的发挥农民合作经济组织在我国农产品现代流通中的作用提供理论支撑和政策建议。

当前农民合作经济组织的流通联结模式，根据连接契约松紧，可以将联结模式做以下划分（如图 8-1 所示）：

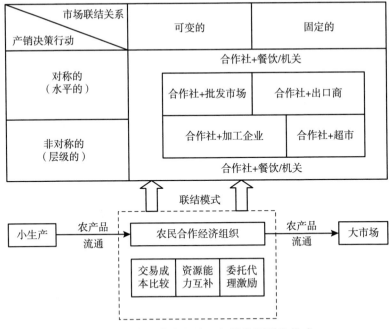

图 8-1　农民合作经济组织的流通联结模式

二、"农超对接" 实施的背景及研究现状

"农超对接"是超市利用自身在市场信息、管理等方面的优势参与农业生产、加工、流通的全过程，为农业生产提供技术、物流配送、信息咨询、产品销售等一整套服务，从而成为联系农户与市场的纽带，将农户的小生产与大市场有效地连接起来，发挥流通带动生产的作用，促进农民增收（姜增伟，2009）。在具体的实施层面上，超市和合作社签订供货协议，是由合作社根据供货协议直接向超市供应农产品的一种新的农产品流通模式。这种模式将千家万

户的小生产与千变万化的大市场对接起来，构建了市场经济条件下的产销一体化链条，减少了中间环节，实现了商家、农民、消费者的共赢（潘启胜，2008）。

已有相当多的学者在农产品流通新模式，特别是小农户参与市场的方式方面进行了积极探索。现有的研究大多认为，农民通过组织参与市场比单个农民直接参与市场更有助于改善农民的福利（Blandon et al.，2009；黄祖辉、梁巧，2007；郑适、王志刚，2009；洪银兴、郑江淮，2009）。赵晓飞和田野（2016）采用合作社和社员二组样本数据所开展的实证研究表明，合作组织通过发挥其流通服务功能能够提高农产品流通一体化程度进而提升农产品流通渠道绩效。也有一些学者对"农超对接"这种新农产品流通模式进行了积极研究（黄宗智，2009；徐旭初、吴彬，2010；张世晴、李书华，2010；隋姝妍、大岛一二，2010；胡定寰，2010；李莹等，2011，熊会兵、肖文韬，2011），并取得了一些很有价值的研究成果。杨晶、李先国和王超（2014）提出以超市为主导，配送中心为核心，联结生产和销售环节，共同配送和外包相结合，利用电子商务平台实现信息流、商流快捷流通，构建适合我国的协同型农超对接模式。一些学者还特别研究了合作社的盈余分配问题（马丽岩，2008；米新丽，2008；夏冬泓、杨杰，2010）。宁宇新和荣倩倩（2015）利用 Shapley 值研究方法研究了"农超对接"的利益分配问题，并认为现有的农户收益分配比例相对偏低。王志刚等（2013）采用 Shapley 值对"农超对接"的收益分配结构进行了研究，并认为为促进"农超对接"这一流通方式发展，应当实施农产品收购保护价、适当降低超市入市门槛，并建立收益返还机制，以提高各经济主体参与"农超对接"的积极性。

纵观前人的研究，对农产品流通新模式及"农超对接"的研究呈现出几个方面的趋同性：研究视角趋同，对合作经济组织盈余分配的研究多是基于农户视角，很少基于合作社或合作社与农户的双视角，单纯基于农户视角可能导致研究结论有偏差；研究方法趋同，之前大多数研究以质性方法为主，近年逐渐增多的定量研究多采用交易成本的研究范式；数据来源趋同，大多数研究的数据均来自对农户调研的微观数据，也有研究加入了对合作社或主管政府领导等利益相关者的访谈资料，几乎没有研究基于合作社的财务数据；研究结论趋同，现有的研究基本均认为农民通过合作社参与农产品流通改善了农民的收入状况，但对合作社创造的盈余及其分配方面关注的较少，特别是对合作社通过"农超对接"给普通农户社员所带来的收入提升方面研究明显不足。

农民合作经济组织参与农产品现代流通体系得到了学术界和实践界的普遍关注和广泛探讨，但是农民合作经济组织参与农产品流通的一些具体问题，如农民合作经济组织如何更有效的参与到农产品流通系统中？如何使"小农户"和"大市场"联结的更有效率（联结模式及其绩效问题）？如何更好的发挥其在农产品现代流通体系中的作用（职能发挥）？如何加强和完善农民合作经济组织自身建设（合作社治理）以规范农民合作经济组织的发展方向？等问题亟待开展深入而系统的研究。

本章首先基于合作社领导人（主导人）的组成结构特点，把合作社划分为几种不同的类型，然后基于鄂川渝湘陕五省市参与"农超对接"合作社的财务报表数据、合作社理事长的访谈数据及普通社员的访谈数据资料，实证分析合作社在"农超对接"中的盈余获取及分配方面存在的问题，进而检验了几种不同类型的合作社在对农户盈余分配上存在的差异，并基于研究结论对合作社在参与"农超对接"中的盈余分配的规制措施提出了政策建议。

三、合作社盈余分配的理论解释与
合作社类型界定及划分

（一）合作社盈余分配的理论解释

1. 对合作社盈余的界定

根据财政部所制定《农民专业合作社财务会计制度（试行）》的规定，合作社的盈余按照以下格式计算得出：

本年盈余 ＝ 经营收益 ＋ 其他收入 － 其他支出

其中：

经营收益 ＝ 经营收入 ＋ 投资收益 － 经营支出 － 管理费用

因此，合作社盈余相当于公司制企业的利润，只是由于农民不同于股东的合作性质而称合作社利润为盈余而不是利润（郑丹，2011）。本章考察的盈余则是指当年的盈余总额提取公积金后的可分配余额。

2. 合作社盈余分配的理论解释

《合作社法》明确规定：合作社的盈余主要按照成员与农民专业合作社的交易量（额）比例返还。但合作社在具体的操作中非常复杂，如对不同批次、不同规格的农产品质量如何界定（不同规格和质量的农产品单价往往具有很大的差异）？在农产品运输途中的损耗如何划定？如何分摊？合作社的普通社员与法人社员之间的利益如何协调等。

　　尽管有学者提出按照合作社的出资额比例来划分盈余返还的比例，但是这种划分标准事实上强化了合作社内部的资本控制性，而忽视了合作社原本的合作性，从而可能伤害合作社中资本实力较弱的普通社员的利益。因此，本章认为，《合作社法》所规定的盈余返还原则只是提供了一个指导性的框架，考虑到合作社盈余分配在实际操作上的困难和保障公平性的需要，合作社应在保障普通社员利益的前提之下，根据合作社的实际情况制定适合于本合作社的盈余分配方案。

（二）合作社的类型界定及划分

　　农户自身的禀赋千差万别，具有突出的异质性，而合作社却是相对集中的一体化组织，因此合作社的组织形式在实践上表现为多样化正是为了有效地协调农户的异质性和合作社目标统一性之间的冲突。不同类型的合作社在盈余分配上会呈现不同的特征，因此有必要按照科学的方法对合作社的类型进行划分，进而分别对不同类型的合作社的盈余分配情况进行研究。已有少量文献关注不同类型的合作社对合作社盈余分配的影响，但基本都是以合作社的股本结构为基础对合作社的类型进行的划分（王义伟，2004；马丽岩，2008）。

　　本章认为基于合作社股本结构的类型划分合作社类型具有一定的局限性：当前的合作社中的决策是依据投票权而不是股本（《合作社法》规定合作社成员各享有一票的基本表决权，少量出资额或者与本社交易量（额）较大的成员享有不超过本社成员基本表决权总票数的20%的附加表决权）。因而投票权更能显示出合作社成员对合作社决策的影响，而投票权与合作社成员结构紧密相关。实际上，合作社的人员组成结构存在较大差异且不同类型的合作社成员在合作社中的话语权也不完全对等。因此，基于合作社内部人员结构的差异来划分合作社的类型更具合理性。本章将基于这一划分标准对各种不同类型的合作社的盈余分配机制分别加以考察。

根据合作社内部不同性质成员话语权的差异，本章把合作社划分为含有企事业单位成员的合作社、以承包经营方式为主的合作社、围绕经纪人发育而成的合作社、围绕个体经营户（大户）发育而成的合作社，以及纯粹农民自发联合型合作社五种类型。五种类型合作社的内涵界定及优缺点（如表8-1所示）：

表8-1　　　　　　　　　合作社的类型、内涵及优缺点

合作社类型	内涵界定	优缺点
含有企事业单位成员的合作社	含有企业、事业单位或社会团体成员的合作社，是商品契约和要素契约均较浓厚的合作社组织形式。不管成员结构如何，只要合作社中有一个企业、事业单位或社会团体成员均被划为此类	企事业单位或社会团体社员的存在可以开阔合作社的发展视野，但也存在与其他普通农户社员利益分配等问题
以承包经营方式为主的合作社	由一个实力较强的组织（或个人）通过"反租倒包"的形式把农户的土地租赁后再反包给农户而组建的合作社。特点是资本色彩较为浓厚，要素契约在其中占主导地位	其优点是增强了合作社成员行为的一致性和获得规模经营优势，缺点是农户沦为附属，无法真正获利
围绕经纪人发育而成的合作社	围绕一个地区经纪人逐步发育的合作社，这个经纪人区别于个体经营户（大户），其较少涉及农产品具体的生产领域，主要从事农产品流通领域，拥有农产品市场信息优势，在农户中具有一定的影响力。特点是主要依赖商品契约的约束，但这种契约约束力很弱	优点是提高了农产品的销售效益，缺点是合作社组织较为松散
围绕个体经营户（大户）发育而成的合作社	通常是在个体经营户（大户）的倡导下发展起来的合作社，该个体经营户（大户）或具有一定的资金实力或具有一定规模的土地资源，在该地域具有一定辐射和带动能力。特点是主要依赖商品契约的约束	优点是可以增强合作社的凝聚力，缺点是合作社的发展受制于个体经营户自身的素质和能力

合作社类型	内涵界定	优缺点
纯粹农民自发联合型合作社	该合作社不像其他合作社那样有一个主导角色，而是纯粹由农民的自发联合而成。特点是组织形式上相对较为松散，主要依赖于商品契约的约束	优点是合作社凝聚力较强，缺点是市场适应能力不足

尽管合作社的组织形式不尽相同，特点也存在较大差异，但是调查中我们发现，不同的组织形式并没有影响其职能的发挥，反而呈现出"百花齐放"的局面。可能的原因是不同的地区所具有的资源禀赋存在差异，农户自身也具有很强的异质性特点，这些异质性反映在合作社的组织形式上就是多样化。合作社组织形式的多样化既是农民根据自身特点的自发选择，也是各地合作社发育状况差异性的体现。

四、数据来源与样本描述

（一）调研情况说明

2009 年 12 月 ~ 2010 年 5 月，我们分四次对湖北省、四川省、重庆市、湖南省、陕西省参与"农超对接"的合作社进行了实地问卷调查，共获得针对合作社的有效问卷 52 份。针对合作社的问卷主要涵盖了其 2008 年和 2009 年两个年度合作社的人员构成情况、财务收支状况、盈余分配状况、会计核算情况、社员账户情况、会计信息向社员公布的情况，以及涉及合作社规范性方面的情况。与此同时，为了从多个角度了解上述来自于合作社的财务资料的可靠性，我们还从每个合作社提供的社员名单中随机抽取了 10 名合作社社员进行座谈和电话详细核实，并详细了解普通社员对合作社财务收支状况及盈余分配状况的认知和态度。同时，我们还就合作社运行机制和管理制度等方面的问题对合作社的理事长进行了深入访谈，特别询问了盈余分配制度和财务收支的决策过程。由此形成了包含 52 家合作社的财务情况调查数据集、52 家合作社的理事长访谈资料库和 520 份合作社社员的详细核查资料库的综合调研资料。

（二）所调研合作社的主要产品分布和地区分布

本次调查的 52 家合作社主要集中在水果和蔬菜等生鲜领域，52 家合作社的地区分布和品种分布如表 8 - 2 所示。就地区分布来看，本次调查主要集中在中西部地区，中部地区（湖北省、湖南省）占调查总数的 36.5%，西部地区（四川省、重庆市、陕西省）占调查总数的 63.5%。就合作社所涉及的主要产品结构来看，本次调查主要集中在参与"农超对接"的生产生鲜类农产品的合作社，以水果生产为主的合作社占所调查合作社的 57.7%，以蔬菜生产为主的合作社占所调查合作社的 42.3%。

表 8 - 2　　　　样本合作社的地区及品种分布表　　　　单位：家

地区 品种	湖北省	四川省	重庆市	湖南省	陕西省	合计
水果	10	12	4	3	1	30
蔬菜	5	10	6	1	0	22
合计	15	22	10	4	1	52

资料来源：调查数据整理，以下皆同。

（三）调研合作社的类型分布

52 家合作社包括了含有企事业单位成员的合作社、以承包经营方式为主的合作社、围绕经纪人发育而成的合作社、围绕个体经营户（大户）发育而成的合作社和纯粹农民自发联合型合作社五种不同的类型（如表 8 - 1 所示）。这五种合作社的类型基本涵盖了当前参与"农超对接"的合作社的主要类型，分别占所调研合作社总数的 26.9%、9.6%、19.2%、3.9% 和 40.4%，选取的样本具有代表性（如表 8 - 3 所示）。

表 8 - 3 样本合作社的组织形式分布 单位：家

组织形式	含有企事业单位成员的合作社	以承包经营方式为主的合作社	围绕经纪人发育而成的合作社	围绕个体经营户（大户）发育而成的合作社	纯粹农民自发联合型合作社	合计
数目	14	5	10	2	21	52

五、实证研究发现

（1）部分参与"农超对接"的合作社的管理制度（特别是决策机制和财务制度）不健全不完善，普通社员被排斥在合作社盈余分配的决策之外。

所调查的大多数合作社的组织机构不完善，运行机制不健全：绝大多数合作社有章程，但无具体管理制度；社员大会有名无实，社员权利被架空。《合作社法》规定"合作社应设立由全体成员组成的农民专业合作社成员大会"，并规定了大会的职权、开会时间和出席人数等。但我们在调查中却发现 52 家合作社中，绝大部分

（约86.5%）都没有社员大会或没有发挥社员大会应有的作用。一些合作社（大约34.6%）根本就没有合作社成员大会或代表大会的制度，合作社的重大事务都是由合作社的核心领导成员商量后做出决策。即使是那些设有会员大会的合作社，其权利也没有得到应有的发挥，基本上是有名无实，更不用说对合作社领导人进行监督。因此，合作社的运行机制存在较大的问题。

推行合作社财务制度规范化还存在相当大的难度。当前，合作社财务制度的问题突出体现在两个方面：①现代会计制度施行难度较大。《合作社法》规定"农民专业合作社应当按照国务院财政部门制定的财务会计制度进行会计核算"，但是在农村，尤其是在偏远的地区，很难找到熟悉现代会计制度的会计人员。因此，传统的流水账在合作社中还比较常见。当然更多的合作社是聘用兼职会计记账，但由于兼职会计并不常驻合作社，对合作社日常经营情况并不了解，因而也存在很多的问题。②社员账户的内容缺失较为普遍。根据《合作社法》的要求，社员账户应包含三个方面的内容：该成员的出资额；量化为该成员的公积金份额；该成员与本社的交易量（额）。但我们的调查显示，只有很少一部分的合作社（大约17.3%）的社员账户同时含有这三个方面的内容，而绝大多数合作社的社员账户只有成员与本社的交易量（额）。

合作社在组织和运行机制上的欠缺必然影响普通社员参与合作社的日常决策，尤其是涉及其自身核心利益的合作社的盈利能力问题和盈余返还问题的决策；而合作社普遍缺乏规范的财务制度则为合作社的核心人员在操控合作社的盈利和盈余返还上提供了巨大便利，这不仅为假账的产生提供了条件，同时也对普通社员核查合作社的财务状况设置了障碍。因此，合作社的管理制度的缺失是造成合作社盈余分配乱象的根源。

（2）"农超对接"中的部分合作社存在盈余返还不公开、不透明，以及盈余分配比例偏低的情况，社员从合作社获得的实惠并不明显。

从盈余分配的机制来看，由于部分合作社组织机构和运行机制存在较大问题，普通社员很难了解合作社日常的运转情况，因而对合作社的盈余情况也无法知晓，所以社员对盈余返还的比例和金额都只能被动接受，导致盈余返还缺乏透明性和监督。

从盈余分配的比例来看，《合作社法》第 37 条第一款规定：可分配盈余"按成员与本社的交易量（额）比例返还，返还总额不得低于可分配盈余的 60%"，但实际情况并非如此。我们所调查的52 家合作社中，2008 年报告有盈余的合作社为 35 家，其中对社员有盈余返还的有 23 家。有盈余返还的合作社只占了所调查总数的44% 和有盈余合作社数量的 66%。盈余返还比例在 23 家合作社也极不均衡，最高的比例达 100%，最低的返还比例仅为可分配盈余额的 11%。2009 年报告有盈余的合作社为 34 家，对社员有盈余返还的有 21 家，占所调查总数的 40% 和有盈余合作社数量的 62%，有盈余和盈余返还的合作社的数量进一步下降。而盈余返还比例的不均衡性在 21 家合作社中进一步加剧，最高比例仍高达 100%，最低的返还比例却降为可分配盈余额的 9%（如表 8-4 所示）。

表 8-4   有盈余的合作社的类型分布   单位：家

组织形式 年份	含有企事业单位成员的合作社	围绕个体经营户（大户）发育而成的合作社	围绕经纪人发育而成的合作社	以承包经营方式为主的合作社	纯粹农民自发联合型合作社	合计
2008	8	3	7	1	16	35
2009	11	1	4	1	17	34

2008 年只有 12 家合作社达到了《合作社法》对合作社盈余分配的要求，只占所调查合作社的 23%。而 2009 年，这一比例进一

步下降，仅有 7 家合作社达到了要求，占所调查合作社的 13%，比2008 年降低了 10 个百分点。不仅如此，其中还有 7 家合作社（占所调查有盈余返还合作社的 30%）的盈余返还比例在 30% 以下，不到《合作社法》规定的盈余返还比例的一半。

调研情况显示：有盈余返还给社员的合作社只占有盈余合作社的很小比例，返还给农民社员的盈余也偏少，远远低于《合作社法》的要求，农民社员并未从合作社的盈余中得到应有的回报，《合作社法》所给予的农民利益没有得到保障。

（3）"农超对接"中的合作社与合作社中企业社员的利益协调和分配机制模糊不清。

"农超对接"中的合作社与合作社中企业社员的利益协调和分配机制模糊不清，合作社中的企业社员控制合作社的情况比较突出，应该警惕部分合作社中的企业社员把合作社引向歧途。《合作社法》允许有符合规定的企业、事业单位或者社会团体成员加入合作社。在所调查的 52 家合作社中，也的确有 14 家合作社有企业社员，由此反映出合作社与企业一体化的合作社类型还是比较普遍的。但我们也发现，合作社与合作社中企业社员的利益协调和分配机制存在比较突出的问题，主要表现在：

①有些企业社员控制了合作社的领导权，企业负责人既是合作社法人代表，又是企业法人代表或夫妻互任代表。调查的 14 家有企业社员的合作社中，有 9 家合作社有上述情况，这一比例达到了64%。

②有些企业社员和其所加入的合作社在财务上并非是两个独立的财务系统，合作社的财务较为混乱。有些企业社员为合作社提供了办公场所、固定资产、办公人员和一些必要的日常运营费用，而这些资产和投入在财务上很难界定是企业财产还是合作社财产；还有一些企业社员与其合作社在一栋大楼办公，办公大楼的所属关系

很难界定。调查结果显示，这 14 家有企业社员的合作社中，7 家存在以上情况，占 50%。

③有些有企业社员存在的合作社不按合作社法向普通农户社员返利（不返利、少返利、账面亏损较多）。从调查的 14 家有企业社员的合作社的盈余分配情况来看，2008 年有 8 家合作社有盈余，有 4 家合作社达到了《合作社法》规定的返还比例，占 14 家合作社的 29%，占 8 家有盈余合作社的 50%；而 2009 年有盈余的合作社增至 11 家，但却只有 6 家合作社有盈余返还，其中只有 3 家合作社达到了《合作社法》规定的返还比例，占 14 家合作社的 21%，占 11 家有盈余合作社的 27%，分别比上一年度下降了 8 个百分点和 23 个百分点。

④有些企业社员打着为社员提供生产资料供应和技术服务的幌子谋取高额利润。我们的调查显示，大约有 48 家（约占 92.3%，该比例也得到了访谈农户社员的证实）合作社都宣称为社员提供生产资料供应和技术服务，但是农户对其批量采购所带来的价格让利却持怀疑态度，甚至绝大多数农户社员（约 87.9%）表示自己并未从合作社的集体农资采购上获得预期的收益，甚至相当数量的农户（约 47.4%）认为合作社在农资集体采购和技术服务上存在着明显的寻租行为，利用自己的信息优势在农资采购和技术服务提供上和商家达成某种默契，一定程度上损害了普通社员的利益。

⑤有些企业社员借助合作社的幌子利用国家免税政策（如产品税收优惠政策等）谋取利益。国家为了鼓励合作社的发展，出台了许多鼓励合作社发展的政策措施（如产品税收优惠政策等），不少企业为了享受合作社的优惠政策而选择加入合作社以谋取自身利益。在含有企事业单位成员的合作社中很多企业都存在这样的牟利动机。我们的调查数据显示，14 家含有企事业单位成员的合作社中，4 家合作社（约 28.6%）或多或少存在这样的情况。

（4）不同类型的合作社在对农户的盈余返还机制和返还力度等方面存在显著差异。

"农超对接"中不同类型的合作社在对农户的盈余返还机制和力度等方面存在较大差异，对不同类型合作社改善农户社员收入的能力应有清醒认识。总体来看，纯粹农民自发联合型合作社表现最好，其次为围绕个体经营户（大户）发育而成的合作社、围绕经纪人发育而成的合作社、以承包经营方式为主的合作社，而含有企事业单位成员的合作社表现最差，具体分析如表 8-5 所示：

表 8-5　　　不同类型合作社的盈余返还机制和力度差异

合作社类型	盈余返还机制	盈余返还力度
含有企事业单位成员的合作社	由于大多数合作社和公司的管理层高度重叠，这类合作社几乎被其中的公司社员所绑架，社员大会及其功能名存实亡，盈余分配的决策权大多被其中的公司社员所掌控，普通社员权益得不到保障	①14 家合作社财务报表显示：2009 年具有盈余的合作社比 2008 年增加 3 家，但对社员有盈余返还的合作社数的比例却下降了；②普通社员问卷（140 份）显示：91.4%的普通社员表示合作社没有对其进行盈余返还，而已获得盈余返还的普通社员中的绝大多数（83.3%）对合作社盈余返还机制和比例也不满意
以承包经营方式为主的合作社	要素契约浓厚的这类合作社是最接近公司化运作的一种合作社，其中的普通社员从合作社既获得土地租金，也按照劳动量获得劳动报酬，社员完全转化为一种农业雇佣工人。因此这类合作社的普通社员对合作社的盈余返还的决策几乎没有话语权，但由于具有较好的经济收益，大多数社员并无太多不满	①两家合作社财务报表显示：其中一家合作社两个会计年度没有盈余；另一家合作社 2008 年的盈余 9.1225 万，其中返还社员 3.1506 万（返还比例为 34.5%），而 2009 年虽然盈利 6.7117 万元，却没有对普通社员进行盈余返还；②普通社员问卷（20 份）显示：2009 年度普通社员的平均收入较 2008 年度增长了 9%，很少有普通社员（10%）表达对其不满

合作社类型	盈余返还机制	盈余返还力度
围绕经纪人发育而成的合作社	经纪人在合作社中有市场信息方面的优势，且具有一定凝聚力，但也存在依靠其自身在合作社中的信息优势操纵合作社的收入和费用支出，进而对合作社的盈余分配决策产生较大影响。合作社的盈余分配由其中占主导地位的经纪人控制，普通社员权益被侵害严重	①10家合作社财务报表显示：2008年盈余合作社为7家，开展盈余返还的为3家（返还比例均不低于36%）；2009年报告有盈余合作社减为4家，开展盈余返还的1家（返还比例为19.8%）；②普通社员问卷（100份）显示：81%的普通社员反映没有盈余返还，报告有盈余返还的社员中有89.5%对盈余返还的机制和比例不满意
围绕个体经营户（大户）发育而成的合作社	作为盈余分配决策机构的社员大会具有一定的话语权，但个体经营户（大户）在合作社中占主导地位，影响着利益分配的"黑箱"	①5家合作社财务报表显示：2008年盈余合作社为3家，开展盈余返还的为1家（返还比例为42.5%）；2009年盈余合作社减为1家，并开展了盈余返还（返还比例为25.6%）。无论报告的盈余合作社数目，还是开展盈余返还的比例2009年较2008年度大幅下降；②普通社员问卷（50份）显示：68%的普通社员反映没有盈余返还，报告有盈余返还的社员中有81.25%对盈余返还的机制和比例不满意
纯粹农民自发联合型合作社	这类合作社大多是由在当地农户有一定威望和号召力的人牵头成立的，因此该类合作社在农产品销售、费用支出，以及盈余分配等方面大多依赖于合作社社员大会的集体协商，财务公开透明、社员满意度最高；但财务系统的规范性却明显不足	①21家合作社财务报表（部分合作社为流水账）显示：2008年报告有盈余的合作社为16家，开展盈余返还的合作社为11家（约占68.8%），盈余返还比例均高于43%；2009年报告有盈余的合作社为17家，开展盈余返还的合作社为13家（约占76.5%），盈余返还比例大多高于45%，仅有一家返还比例为41%；②普通社员问卷（210份）显示：2009年度普通社员的平均收入较2008年度增长了27%（其中部分柑橘合作社还受到了"果蝇"事件的消极影响，销售受到一定影响）；95.7%的社员对盈余返还的机制和比例表示满意

六、本 章 小 结

"农超对接"是我国农产品流通现代化的一种新尝试，本章就这一特定的农产品流通模式中合作社对农户的盈余分配问题进行实证研究，为农户的农产品流通现代化的路径选择提供了实证依据。

（1）基于以上理论和实证分析，得出以下研究结论：

①部分合作社并未严格按照《合作社法》的规定建立健全而完善的管理制度体系（特别是决策机制和财务制度），即使部分合作社按照《合作社法》的规定建立了一些管理制度，也没有按照《合作社法》的规定去严格贯彻执行，这是造成当前部分合作社的盈余分配没有达到《合作社法》对合作社盈余分配要求的主要原因。

②当前合作社的管理人员和普通社员自身素质不高和能力不足是导致当前难以执行《合作社法》对合作社盈余分配规定的重要原因。《合作社法》构建了合作社完备的管理制度体系，但当前合作社的管理人员的素质普遍不高和能力不足使得合作社的规范化存在很大的困难，很难建立完全符合《合作社法》的各项管理制度体系并严格贯彻执行；而普通社员的素质不高和权利意识薄弱又使得普通社员对合作社的运行缺乏必要监督。

③各级管理部门对当前合作社的运行和管理情况监管薄弱是造成当前《合作社法》难以执行的外在原因。尽管当前合作社在盈余分配上存在种种问题，但合作社的各级管理部门对合作社运行和管理情况却缺乏有效的监管。

④部分合作社在组织机构、运行机制上存在缺陷，导致了合作社普遍存在盈余分配不公开、不透明，盈余返还的比例偏低，农民

通过合作社参与"农超对接"以改善收入状况的效应十分有限。绝大多数合作社有章程，但无具体管理制度；社员大会有名无实，社员权利被架空从而导致普通社员被排斥在合作社盈余分配的决策之外；合作社财务制度的不规范进一步限制了合作社盈余分配的公开化和透明化。

⑤对合作社中的企事业单位成员的行为缺乏必要的约束和规范，从而使得企事业单位成员在合作社中更有话语权和影响力，导致了合作社与合作社中企事业单位社员的利益协调和分配机制模糊不清，合作社中的企业社员控制合作社的情况比较突出。

⑥不同类型的合作社在盈余返还机制和力度上存在较大差异，纯粹农民自发联合型合作社表现最好，其次为围绕个体经营户（大户）发育而成的合作社、围绕经纪人发育而成的合作社、以承包经营方式为主的合作社，而含有企事业单位成员的合作社表现最差。

（2）针对"农超对接"中合作社盈余分配中出现的问题，本章提出以下规制建议：

①加强各级政府部门对合作社贯彻落实《合作社法》的监督和检查力度。可以考虑从以下几个方面实施：第一，由合作社的各级主管部门定期不定期的对合作社贯彻落实《合作社法》的情况开展巡视和检查，对符合《合作社法》的合作社予以表彰，可以考虑通过"以奖代补"等方式给予一定奖励或给予一定的财税优惠措施，构建"榜样"效应；对不符合《合作社法》规定的合作社要求其限期整改并对其整改情况及时复查；第二，对执行《合作社法》确有困难的合作社有针对性的提供必要的帮助，如帮助其进行人员培训等；第三，建立普通社员对合作社监督的上报机制。

②需要进一步加大对合作社主要管理人员和普通社员的培训力度，增强合作社管理人员的法律规章意识、规范管理意识和普通社员的监督意识，帮助合作社尽快建立现代化的商业意识以便更好的

发挥其职能。合作社的发展是受到《合作社法》保护的，但许多合作社的主要负责人不具备基本的合作社规范管理的意识，把合作社看成是私有财产，用企业的管理意识来管理合作社，因而增强他们的法律和规范管理意识十分必要；同时，要分批加大对合作社社员的培训力度，发挥合作社社员的监督作用。特别是参与"农超对接"后，合作社要和具有现代商业意识的大型超市合作，这就更需要加强自身的规范化管理以适应现代市场交易，否则就很难在"农超对接"这种新型农产品流通模式中生存下去。

③进一步加大对不符合《合作社法》的合作社的监控和整治力度，特别是要关注含有企事业单位成员的合作社的发展方向。含有企事业单位成员的合作社都有一个突出的特点，那就是企事业单位成员在合作社内部具有强势话语权，很容易损害普通农户社员的利益。针对调查中所反映的这一类型合作社存在的问题，应从以下几个方面来加强规范的力度：第一，规范企事业单位和其所加入的合作社的领导人任免制度，避免两个组织机构法人代表的兼任和近亲化任职；鼓励合作社管理层人员结构的多样化，严格控制合作社管理层中血缘相近人员数量和参与合作社的公司管理层人员的数量；第二，规范公司和其所加入的合作社的资产情况和财务状况，加强对这类合作社的会计审计和监督，以做到财务的公开化和透明化，敦促其严格按照《合作社法》的规定向农户返利；第三，特别加强这类合作社的监督机构的建设，监督机构人员应避免和管理层人员的重叠，建议多从有一定知识和视野的普通社员中选取；第四，要区别对待以良好动机和恶意动机加入合作社的企业社员，特别要加大对为了享受合作社的优惠政策而加入合作社以谋取自身利益的企业的打击力度，规范含有企事业单位成员的合作社的发展方向。

④为不同类型的合作社设计不同的政策环境，并采取不同的具体措施进行引导。不同类型的合作社在合作社的人员结构、盈余返

还机制和比例上存在较大差异，这也反映了不同类型合作社的管理层对合作社控制力及普通社员利益被侵犯的程度上的差异，因此不同类型的合作社应给予不同的制度安排。具体规制措施如下：对纯粹农民自发联合型的合作社应重点加强其在规范性和市场适应能力方面的指导；对围绕个体经营户（大户）发育而成的合作社和以承包经营方式为主的合作社则应强化其内部核心（个体经营户、经纪人）行为的规范性；对含有企事业单位成员的合作社必须从管理制度、财务规范、权责利的明确等方面出台具体规制措施；对以承包经营方式为主的合作社则要防范其向农业公司的转变，对这类合作社该如何看待及如何规制仍需进一步的研究。

第九章

发达国家农产品流通现代化
模式与借鉴

本章分别考察了资源禀赋、产业基础、农业生产者特点及文化积淀均存在显著差异的美国、日本和法国的农产品流通模式的情况。对这些主要发达国家农产品流通模式的系统分析，对正确把握我国农产品流通模式未来发展的方向具有重要参考价值和借鉴意义。

一、美国的农产品流通模式

（一）美国农产品流通现代化的背景

美国农业生产的主要特点是：一是建立了充分利用各地自然条件和比较优势形成的农产品合理生产布局。二是有大农场与众多小农场并存的农业生产者。美国农业生产的主要特点是大农场与众多小农场并存，大农场数量少却贡献了大部分的农产品产出，小农场数量众多，却只提供小部分的农产品（库尔斯、乌尔，2006）。尽管美国农业生产的优势布局使得美国农业生产整体上体现的是"农业大生产"的格局，但为数众多的业化程度很高的小农场在其农业生产领域广泛存在。三是农产品流通技术的广泛应用及有先进的流通基础设施。四是有专业化的农产品加工、储存和销售组织，以及完善的农产品流通网络。五是有雄厚的农业人才储备。六是有健全的农业生产及流通的政策体系。

产业基础方面：美国建立了充分利用各地自然条件和比较优势形成的农产品合理生产布局。小麦主产区有以北达科他、堪萨斯和华盛顿为主的两大一小三个三角地带。玉米产区则主要分布在五大湖的西南部。大豆产区涵盖玉米主产区的中南部，方便玉米和大豆的轮作生产。肉牛生产则利用天然草场和集约化育肥，合理利用资源；奶牛主要分布在太平洋沿岸、五大湖地区、南部平原区和东北部地区。养猪生产主要分布在玉米生产集中地区、北部平原区和大湖区附近的八个州。合理的产业布局为美国的农产品流通现代化的实现提供了良好的产业条件。

流通技术应用和基础设施建设方面：美国在农业科技革命中，生物技术、信息技术、新材料等都取得了突破性的发展，不断被应用于农业生产，使得农产品的产量提升，生产效率提高，成本降低。美国的交通网络发达，公路、铁路、水路四通八达，高速公路网络遍布城乡，甚至可以直接通往乡村的每家每户。有许多港口和仓储设施，一些农产品收购站和仓库、加工厂还有自己专门的铁路线，方便把农产品直接装车运输出去。区域分工和物流的专业化、现代化程度很高。网络、电子商务的广泛应用也使农产品的销售和流通更加迅速。美国丰富的农业网站、信息咨询公司，方便农民了解各种生产和销售信息。美国的流通技术应用的迅猛发展和流通基础设施建设的完善为农产品流通现代化的开展提供了良好的技术条件和基础设施准备。

农业组织和人力资源配置方面：各种类型的农业合作社及农业服务组织为农业产业化提供了供应，技术支持，加工，信贷和销售等服务。农民自己也组织农协和各种生产协会帮助销售农产品。美国的劳动力资源完全按市场需求配置，在20世纪80年代末，美国的农业生产人员大约为360万人，而参与农产品流通的人员却是它的4.17倍，达到了1500万人。各种农产品都有自己专业化的加工、储存和销售组织，拥有完善的农产品流通网络。各种农业生产和流通组织的发展及农产品流通领域的人才配置为美国的农产品流通现代化提供了必要的组织形式和人才准备。

人才方面：美国十分重视农业教育的投入和人才培养，并把教育和科技紧密结合，使人才培养、科学研究、技术推广、农户生产形成了一个完整的体系。美国各州都有自己的农学院，各个农学院又下设了自己的农业推广站，主要负责农业教育、科研和推广工作。联邦、州和县共同负担农业推广的经费问题，为其提供了充足的经费支持。美国在农业现代发展中，培养了强大的科研力量，同时也提高了农业生产者的素质和生产技能。这也为农产品流通现代化打下了坚实的基础，培养了一大批农业生产和流通方面的优秀人才。

政府方面：美国政府不直接干预农业生产者的生产行为，但美国通过了许多农业相关的法律，形成了完善的法律体系来引导和规范农业及农产品流通。对农业的管理倾向于采用法律手段和经济手段，采用市场机制调节。同时，政府还制定一些产业政策，通过税收、补贴、价格干预等手段，对农产品市场与农业内部的资源配置进行了有效调节。政府政策的制定和完善为美国的农产品流通现代化提供了良好的外部政策制度环境。

（二）美国农产品流通现代化进程、现状与特点

1. 美国农产品流通现代化的进程

（1）19 世纪末 20 世纪初，主要是农业生产者直接到消费者的流通形式，生产者在农产品流通中占据主动权。19 世纪末 20 世纪初，美国农产品生产开始由过去的手工劳动和畜力为主的半机械化劳动状态进入了机械化和规模化时期，农业劳动生产率大大提高，使得农产品生产所需的劳动力减少，农村出现了很多剩余劳动力，很多农民涌入城市寻找工作机会。这一时期的农产品流通是直接由生产者到消费者的方式，没有什么中间环节和组织的参与。而这一时期城市劳动力的增多也使得城市劳动力出现了相对过剩的现象，导致许多劳动者的收入不高，这样他们的购买力就下降，也影响了对农产品的购买能力，这样农产品销售价格相对人们的购买力来说偏高。为此农业生产者利用经济实惠又便捷的农产品运输方式来降低运输成本，从而降低农产品的销售价格。

（2）20 世纪 20 年代～40 年代，以中间商为主导的农产品流通，农产品流通中的渠道权力由生产者向中间商转移。20 世纪 20 年代～40 年代，美国农产品机械化和规模化水平的进一步提高，农产品的生产能力和产量都大大提高，由于购买力依然受到限制，农产品在市场上供大于求，出现了相对过剩问题，农产品进入了买方市场时代。这时的市场竞争激烈，生产者更多关心的问题是如何在竞争中胜出，把自己的农产品销售出去，因此这一时期农产品流通的主要问题变成了如何使过剩的农产品在市场上完成交换，实现价值，而不再仅仅是提高农产品流通的效率和降低流通环节的成

本。过去那种带有生产主导性的农产品流通方式显然已经不再适用。由于农产品生产者这时大多缺乏市场销售经验，因而流通的中间商的选择和培养变得十分重要。农产品生产者选择依托中间商的市场驾驭能力帮助自己把农产品推向市场。农产品在流通领域实现了所有权转移，由中间商把农产品推向市场，销售给消费者。另一方面，这一时期经历了大危机和两次严重的农业危机，美国农业生产受到了严重的打击，政府采取了一系列包括限耕补贴和价格支持在内的措施来保护和稳定农业生产的发展。在 20 世纪 20 年代，政府采取了保护关税、收购剩余农产品、提高农产品价格等有关政策，试图通过干预农产品流通领域的办法来缓和农业危机，但取得的效果有限。1933 年 5 月美国国会通过"农业调整法"，政府通过提供奖励和补贴的办法来减少全国耕地的面积，从而达到减少农产品产量和提高农产品价格的目的。但是，这种大量销毁农产品的做法，引起了极大的民愤。于是 1936 年美国国会又通过的"土壤保护和国内土地分配法"，继续致力于提高农产品价格和农场的收入。高价格促使棉花和小麦的产量继续增加，农产品再次供大于求，出现严重的相对过剩，价格再度暴跌，农业危机又趋尖锐，迫使美国国会不得不在 1938 年再次通过以"限制生产"为主要内容的新的农业调整法，规定对小麦、棉花、玉米、烟草、大米五种基本商品实行强制性价格支持贷款，规定了基本商品的销售限额和按市场需求保持供应的生产面积数量。还规定了基本商品的限产合同，对小麦、玉米、棉花、大米、烟草、猪和奶制品七大类农产品，生产者在自愿的基础上订立限制生产的合同，以达到对农产品产量的限定，从而改善农产品购买力不足，产量相对过剩的状况。同时政府还授权商品信贷公司向农场主发放抵押贷款以稳定农产品价格，从而保障农业生产者的利益。到 1937 年农产品价格有所回升，农业纯收入从 1932 年的 20.32 亿美元上升至 1937 年的 60.05 亿美元

（牟瀛，1979）。当时政府的干预政策对农产品的生产和流通的发展都起到了重要的保护和促进作用。第二次世界大战爆发后，这种限制农产品生产和流通量的做法，伴随国内外市场对农产品的需求增加而终止。

（3）20 世纪 50 年代～70 年代，农业生产者组成联合体参与流通成为主流，逐渐形成了以顾客为导向的农产品流通渠道系统。20 世纪 50 年代，美国农业生产力不断提高，相较其他国家已经达到高度发达的状态，而政府依然在推行限耕补贴和价格支持的政策。同时，第二次世界大战结束后，美国农业发展也迎来了一个可以大力扩展农产品海外市场的有利机遇。通过战后的"租借法案"和"马歇尔计划"等，美国大力向西欧倾销其农产品。1954 年美国又通过了"480 公法"等粮食外援计划，使农产品的海外市场得到了进一步的拓展，为美国农产品全面进军世界市场做了充分的准备。在国内，中间商在农产品市场流通中占据了主导地位，各个中间商处于一种完全竞争，相互排斥状态。在农产品在流通过程中，中间商数目增多也导致了农产品销售的所有权转移中间环节增多，他们都为自身利益追求利润最大化，赚取了绝大多数的农产品销售利润。而农产品生产者因为受到这些中间商的盘剥，在农产品销售中利益被侵蚀。为此，农民自己组织的各种形式的生产者联合体开始参与农产品流通，以生产为中心实行农工贸一体化经营，出现了以农产品加工工业（Agro-industry）和农商综合体（Agribusiness）为中心的农产品流通渠道系统。20 世纪 60 年代～70 年代，美国政府继续努力为美国的农产品开拓海外市场，但是这时候随着经济的发展，人们的消费观念也变得越来越个性化，农产品的流通开始关注顾客的需求，形成了以顾客导向为特征的营销观念。农产品流通渠道的设计从过去的以生产为中心转变为以顾客需求为中心。

（4）20 世纪 80 年代至今，鼓励多种形式的流通主体参与流通，各流通环节之间的联合和合作成为常态。20 世纪 80 年代至今，美国政府依然在不断加大对农业的政策扶持力度。在国内，美国政府直到 20 世纪 90 年代后期都一直在实行对农业的价格支持政策，虽然通过了《1996 年联邦农业完善与改革法案》（以下简称《1996 年 FAIR 法》），该法案取消了过去六十多年来政府对农产品价格支持政策，并规定政府必须在 7 年内完全取消对农场主提供的收入和价格补贴，但美国政府还是从各方面加大了对农业的支持力度。比如，政府通过生产灵活性合同补贴、土地休耕保护计划和农业灾害补贴，这些直接补贴的方式来支持农业发展。政府还通过减免税收的方式支持农业的发展。例如，实施土地增值的收入优惠政策，使农民可以获得大部分银土地增值而产生的收入；实施农产品的销售税减免，在各州农产品销售的税率略有不同，但对大部分农产品政府是实行免税的；美国的农业生产单位大多是个体或家庭式合伙，政府对这些农业生产企业和个人实施企业所得税和个人所得税的减免。此外，政府也加大了对农村的财政支持力度，发展农村基础教育，向农民提供贷款担保，向农村合作社提供技术服务；为农村提供公共设施服务等（林志远，2003）。对外，美国政府持续努力为本国的农产品开拓世界市场，为此他们也采取了一系列措施。在出口信贷方面，政府提供了多渠道、多方面的便利。美国 2002 年"农场保障与乡村投资法案"将商业出口信贷担保计划的执行期限一直延长至 2007 年，年度资金最低数额为 55 亿美元，用于短期出口信贷担保和中期出口信贷担保。同时，政府还为开拓国际农产品市场制定了各种计划。2002 年"农场保障与乡村投资法案"规定，用于市场增长计划的资金将由 2002 年的 9000 万美元增长至 2006 年和 2007 年达到的亿美元，呈逐年增加的态势；在国外参与市场合作开发方面，根据 2002 年"农场保障与乡村投资法案"，

2002~2007 年用于该计划的资金为每年 3450 万美元（傅兵，2004）。此外，政府还对中小农业企业及农业综合企业在新兴市场中获得市场准入给予了支持，计划每年资金额度为 1000 万元（傅兵，2004）。

这一阶段，农产品流通渠道的各环节、各成员间的关系也由原来的各自追求利润最大化而激烈竞争关系变为通力合作、彼此协调各自环节、谋求共同发展、获得利益的关系。农业联合体逐渐成为农产品流通的主体。

2. 美国农产品流通现代化的现状

（1）高度商业化的家庭农场参与农产品流通。美国的家庭农场按销售额可以分为销售额低于 25 万美元的小型农场（资源有限型农场、退休休闲型农场、居住生活型农场、低销售额的耕种型农场和高销售额的耕种型农场）和销售额高于 25 万美元的大型农场（大型家庭农场、超大型家庭农场和非家庭农场）。近年来以家庭农场为基础的"公司农场"取得了较快的发展，在美国的农场面积和销售额中占有很大比重。

（2）发达的交通和完善的仓储设施助力农产品流通现代化。美国在全国范围内拥有包括公路、铁路、航空、管道运输，以及内核航运在内的庞大完备的交通运输网络。网状结构的公路遍布城乡，有的农产品收购站、加工厂和仓库甚至有自己专门的铁路专线。同时，美国粮仓的储存能力很大，最多的可以储存 10 万多吨粮食，58% 的是农场自有的内部粮仓，42% 的是商业粮仓。

（3）新一代合作社及各类农业协会在农产品流通现代化中发挥着主要作用。美国的农业合作社在美国农村普遍存在，其规模也是世界最大，是市场经济条件下由农民自发组织起来的一种互助合作的经济组织，在帮助降低生产成本，促进农产品流通和提高农民收入方面发挥了巨大作用。合作社提供的服务主要有：信贷服务，供应、加工和销售某些专项的服务。合作社可以为农民提供贷款，这部分贷款可以占美国全部农业贷款的40％左右，包括季节性经营贷款、弥补资金周转不足的中期贷款、用于农业基本建设的长期贷款和支持农产品出口的四类贷款；合作社还可以为农民提供化肥、饲料、种子和其他物资，以及种类繁多的科技服务、法律咨询服务等；同时，合作社还可以帮助农民联系市场，销售农产品，对农产品进行集中、储存、深加工，在销售中讨价还价，组织拍卖等，帮助农民获得更多的利润；还有一些合作社则专门从事一些运输、仓储这类的服务，帮助农产品流通。20世纪90年代以来，美国农产品的生产组织和市场需求都发生了巨大变化，人们开始更多的关注食品的安全和对人类健康的作用，需求日益多样化，农产品流通也不在依赖于传统的市场，而是趋向于企业一体化的经营，农产品的销售开始更多的采用合同或企业内部交换的方式进行。过去一些传统的合作社不能完全满足农民的需要，这样就产生了一种新型的合作社，它们更加关注农产品加工，致力于提高农产品的附加值，而且通过与农民签订"双向合同"的形式，收购农民预定数量的农产品，使得农民在最初投入农产品生产时就能吃到定心丸，按照与合作社签订的协议的要求进行生产，不用担心农产品生产出来以后销售不出去。

美国除了存在许多农业合作社外，还有很多农产品协会，如大豆协会、果蔬协会等。协会成员包括农业公司、农产品生产者、外国公司和一些相关机构，很多都设有海外办事处。这些协会在全球范围内积极推广本协会的农产品，拓宽农产品的销售范围和渠道；同时出席国会听证会，游说议员和行政当局，代表国内生产本协会相关农产品的生产者利益，积极与美国政府及其他各国政府就农产品产业的发展进行沟通；同时还会积极赞助农业科研活动，改良和培育新品种。

（4）政府积极出台各种政策措施扶持农产品流通现代化的实现。美国农业发达，农业劳动生产率很高，许多农产品都处于相对过剩的状态，国内无法消耗，因而政府在农产品流通环节投入了大量资金，一直把支持农产品出口作为重点，不断开拓海外市场，采取措施鼓励和促进出口。2000 年美国政府对流通环节的投资就高达 263.04 亿美元，直接用于支持农产品出口的资金约 64.74 亿美元。美国已经形成了完整而庞大的农产品出口体系。美国农业部主管农业生产、农村生态、生活管理，以及农产品的国内外贸易，对农业实行"从田间到餐桌"的管理。美国农产品信贷公司则为农产品的出口促销计划提供了充足的资金保障。美国海外农业局依靠其世界上最发达的全球农业信息系统，直接制定和组织实施农产品出口计划。而美国商务部则专门负责对外国农产品贸易壁垒和障碍的申诉，通过谈判手段，降低外国农产品进口的关税，增加美国农产品的市场竞争力，扩大农产品出口。各类农产品贸易协会也经常参加国际农产品的贸易展示会，派遣和接待贸易代表团，在国外有针对性的推销农产品。除此之外，2002 年美国新的农业法案还在原有基础上做出了一些调整，对农产品出口的支持力度进一步提高。2004 年美国农业部又推出了市场推进计划、海外市场开放计划和质量样品计划促进出口。针对美国国内市场饱和，而海外发达国家的市场逐渐成熟的状况，美国政府开始积极开发发展中国家的市场。

3. 美国农产品流通现代化的特点

美国农产品流通渠道模式如图 9 - 1 所示：

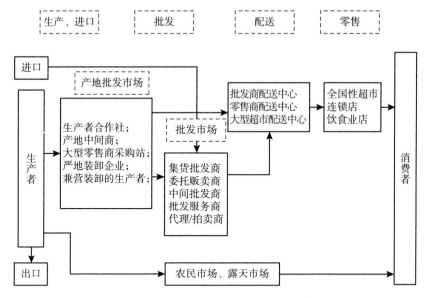

图 9 - 1　美国农产品流通渠道模式①

（1）农产品产地批发市场集中而销地市场相对分散，以"大生产"和"大流通"为主要特征。美国的农产品生产布局合理，区域化和专业化程度都比较高。小麦、大豆、玉米等都有各自的专业生产区域，从而导致了农产品的产地市场相对比较集中，其中华盛顿州、纽约州和密歇根州三个州的农产品产量就占全国总产量的70%左右。而产地批发市场直接与零售商的农产品交易量在整个农产品流通中也占98.5%。

由于美国农产品生产的高度区域化和专业化，使得农产品的供应地一般都在距离城市较远的区域。由于美国拥有高度发达的运输网络，可以把农产品迅速的由产地运往大城市，形成了发达的城市农产品批发市场和集散地。产销地批发市场的农产品交易量仅占农

① Kohls, L. R. , Uhl, N. J. , 1990. Marketing of agricultural products［J］. Agricultural Economics，1990.

产品交易总量的20%，但却主导了农产品价格的形成。批发市场的交易活动，如进货渠道，经营方式等，完全由批发商自行决定，还可通过电话方式订货和讨价还价。

在美国，蔬菜和水果等农产品的流通主要是依靠产销地批发市场、车站批发市场和零售市场。纽约是蔬菜和水果的主要产地，在那里批发市场进行的交易占整个蔬菜和水果交易总量的61%。产销地批发市场位于生产地和销售地的中心。生产者把农产品由产地运往批发市场，然后在由市场里的装卸企业对产品进行包装和运输。车站批发市场一般位于城市里，来自产地的农产品进入车站批发市场，批发商和零售商在市场面对面进行讨价还价和交易，双方谈妥后，再由车站批发市场向各地进行分销。零售市场主要指的是超级市场，虽1930年以后才出现，但是发展迅速，逐步由零售领域进入了批发领域，实行连锁经营，并淘汰了传统的零售商店。

（2）批发市场内部交易方式以拍卖、代理销售为主，现货与期货市场并举。在批发市场内部一般都采用公开拍卖和代理销售等方式进行农产品的交易，这使得农产品的价格充分反映了市场供求变化。农产品市场的价格也是由批发市场的价格主导的。

美国的期货市场十分发达，在批发市场的基础上还形成了农产品的期货市场。期货交易可以帮助农业生产者有效调节生产计划，稳定农产品的市场供应，比较典型的是谷物类农产品的期货交易。批发市场和期货市场的农产品价格信息可以对生产者和消费者的生产和消费提供一定的指导和调节。

（3）农产品流通的渠道短、环节少、效率高。由于美国农业生产区划高度集中且农产品大多由高度企业化的大型农场生产、供应全国的市场。因而产地批发市场的交易在整个农产品流通中所占的比例很大，而销地批发市场的份额则比较小，因此美国农产品流通的渠道大多比较短，环节较少，加快了农产品的流通速度，中间环节较少也降低了流通成本，提高了农产品的流通效率。

（4）流通主体的组织化程度非常高。美国农业生产者一般都是有组织的参与农产品的流通。通过自发组织合作社，或者参加协会，及政府建立的一些组织，农业生产者可以更好的进行农产品的生产，了解更多的市场信息，从而更好的销售农产品。因而，美国农产品流通的一个特点就是流通主体通过组织的方式参与产品流通，有计划的进行生产，有目的地把产品销售给某些有特定需要的消费群体。

（5）农产品流通的服务机构齐全。美国的农产品流通产业高度分工，有很多专门为农产品流通和交易提供服务的组织，如包装公司、装卸公司、运输公司和配送中心，等等。银行和邮局也参与其中。银行可以为农产品交易提供贷款、担保，或者帮助进行交易的货币结算工作。邮局可以帮助邮寄农产品的样本和运送农产品。

（6）政府扶持力度很大。美国政府对农产品流通的扶持力度很大，投入了大量的人力、物力和财力。制定和修改了农业法，稳定对农业的投资，制定各种计划帮助农产品扩大销路，提供各种补贴和优惠政策，并提供贷款和担保，支持农产品的流通，加大农产品的附加值，提高农民的收入。

二、日本的农产品流通模式

（一）日本农产品流通现代化的背景

产业基础方面：近年来，日本主要农产品的种植面积和总产量都在逐年减少，自给率下降，除了稻米还能自给外，大部分都需要靠进口。日本的畜牧业主要集中在牧草较多的北海道，一般由一户或者几户共同集约化、机械化饲养，电子化管理。日本四周环海，是世界上第四大渔业国，鱼类资源丰富，产量高。同时，日本的鱼类消费量也高，日本人的饮食中水产品占有十分重要的地位，1997年日本的人均鱼肉消费量就达到了99克。林业对日本的水土保护有着十分重要的作用，其森林覆盖率居世界前列，达到了65%。日本的"食品关联产业"包括食品产业和农水产业。食品产业有食品工业、流通和餐饮业，而农水产业主要包括食用林产品。日本的山区或者半山区的农村出产了很多特色的农产品。日本政府努力把地域农业和农村发展与农产品加工业的发展相结合，鼓励生产者利用当地的优势资源，发展特色农产品加工，形成具有家乡特色的农产品品牌，稳定农产品的销路，增加农民收入。

流通技术应用和基础设施建设方面：由于日本土地贫瘠，多山和丘陵，耕地细碎化程度高，因此日本十分重视农业科技进步，政府的资金也有很大一部分运用于农业科技成果研究和先进农业技术的推广，特别是生物技术的应用及发展精细农业生产，注重农产品的品种改良，化肥和农药的使用及改良栽培技术和农田水利设施，农业的机械化水平也很高，有效地提高了土地的生产率。日本政府还特别重视农业基础设施的建设，把大量财力用于农业生产基础设施整治、农村生活环境整治，以及农村地区的保护与管理等的建设，加强了城乡之间的物质和信息联系，为农产品的生产和流通提供了更加有利的条件。

农业组织方面：日本建立了覆盖全国的农业组织—日本农协。日本的农协建立在土地私有的基础上，一般由15户以上的农户自愿组成，是一个农业互助合作组织。它们为分散的农户提供了很多社会化的服务，拥有强大的经济实力和遍布各地的分支机构，可以为其会员提供信用、贩卖、购买等服务，是日本农产品流通领域的主要组织形式。此外，日本还有一些其他形式的农业经营方式，如大的生产专业户租入或者购买土地实行规模化经营，这些形式相对农协来说，普及率和影响力小很多。

人才方面：日本政府对农业教育十分重视，在小学、初中和高中的教学中都会教授有关农业的内容，同时还设有农业中专。日本农村水产省有直属的农业大学，各都道府县的很多综合大学也设有农业部，除此之外还有两年制农学院，以及众多的农业技术学院。同时，日本农业科研机构的专业设置齐全，设备先进，经费充足，为日本农业提供了大量高效实用的研究成果，推动了日本农业的发展。日本政府还十分重视对现有农业科技人员的培养，通常会安排他们参加各种专业进修、甚至出国留学，以不断提高农业科技人员的知识和业务水平。

政府方面：日本政府在保障农产品流通方面也发挥了积极作用。日本对农产品流通实行高度统一的管理，建立市场竞争机制，探索出一条适应市场经济和小农经济的"三位一体"（小农地权、农协组织和政府保护）的农业管理体制，弥补了日本的资源不足和小农经济生产方式的缺陷。日本政府还大力增加对农业的资金投入，保护耕地，提高农业劳动生产率，制定了许多政策措施和法律法规。日本有一系列的农产品价格制度，防止在市场经济条件下，农产品价格发生剧烈波动。同时，日本政府还发放农产品价格补贴，减轻农民税收负担，实行财政金融政策，给农民提供贷款和农业还债的保险，合理引导农村剩余劳动力，保护和干预农业生产和流通。在贸易政策方面，还建立了为保护本国农产品的贸易壁垒。

（二）日本农产品流通现代化进程、现状与特点

1. 日本农产品流通现代化的进程

日本虽然在农产品流通中建立了市场竞争机制，但事实上，日本政

府对农产品的流通一直采取了政治、经济和法律手段进行干预。因此，可以通过日本的农产品流通体制演变的角度来分析日本农产品流通的进程。第二次世界大战后，日本的农产品流通体制演变分为两个阶段：

（1）20世纪40年代~60年代中期，以保护型农产品价格流通体制为主。第二次世界大战刚结束时，日本国内出现了粮食紧张的状况，稻米供不应求，为此日本政府对农产品流通采取了"低价收购，分配消费"的政策。随着日本经济的逐渐复苏，20世纪50年代，日本政府修订了《粮食管理法》，规定参考生产成本和物价来确定稻米价格，同时调整了收购方式，鼓励提前和超标销售。1961年，日本颁布实施了《日本农业基本法》，稻米价格开始按"生产费用＋收入补偿"计算，以确保种植稻米的农户能获得较高的经济收益，鼓励了农民的积极性，同时政府为了保证低收入者的利益，在流通环节还规定了比较低的售价，由政府财政来补贴差价。这一阶段，日本还对稻米的流通渠道进行了规定，稻米的收购和批发零售商必须经日本农林水产省指定，并得到各个都道府县知事的批准，同时他们还必须具备所需的资金、设施、经营和信用。政府还规定了他们的业务范围，对其进行了严格的限制。

（2）20世纪60年代后半期至今，逐渐转向市场型农产品价格流通体制。到了20世纪60年代的后半期，由于之前日本政府采取的一系列政策和措施，日本的稻米供应不断增加，相对的国内人民对稻米的消费开始减少，出现了供过于求的现象，导致稻米生产过剩，大量积压，政府每年还要支付巨额的价格补贴及储存和管理费用。1969年开始，日本政府开始对农产品流通体制进行改革，引入市场机制，放松了过去对稻米流通实行的严格管制，允许稻米价格在政府定价的基础上，根据供求状况进行调节。这一做法大大减轻了政府的财政负担，促进了粮食自由流通的发展。1992年，日本农林水产省制定了新的农业农村政策，开始努力降低稻米的生产成本和售价，改革粮食管理制度，着力培养农业法人经营体。1993年，日本的稻米大面积歉收，严重影响了日本的粮食供应，对粮食价格也产生了很大的冲击。随着关贸总协定农业协定的签订，日本政府加快了农业改革和开放的步伐，对新政策提出了一些具体的行动方向。1994年，为了稳定农产品的价格，保证供应量，农林水产省又提交了一个"新法案"，希望可以进一步改善稻米自主流通的交易方式。"新法案"要求在农产品流通领域进一步扩大市场机制的影响，政府的米价最好是作为支柱米价的下限，反映其价格动向。在这一阶段，日本政府不断扩大了市场机制在农产品流通中的作用，但是并没有完全放开市场，对流通领域还存在一些直接管理和计划要求。

2. 日本农产品流通现代化的现状

日本农产品流通渠道模式如图9-2所示：

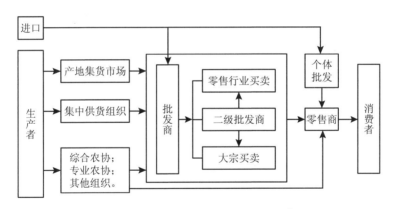

图9-2　日本农产品流通渠道模式①

（1）农户经营组织形式多样，农产品商品率很高。在日本，拥有三公顷以上土地的农户，其经营组织形式十分多样，但是开展多种经营的农户比重也因地区不同而存在一定的差异。农产品的商品

---

① 小林康平等．体制转换中的农产品流通体系——批发市场机制的国际对比研究[M]．北京：中国农业出版社，1998.

率很高，一般可达90%以上。

（2）日本农业协同组合（农协）在农产品流通中占据十分重要地位。日本的农业协同组织（以下简称"农协"）是日本规模最大，覆盖面最广的农业合作组织。日本的农协及其分支机构几乎遍布全国各地，使日本成为世界上农业合作组织最发达的国家之一。日本的农协依法设立，受到法律保护，是农户自愿加入的非完全营利性质的农民合作组织，受到广大农户的支持和信赖。农协帮助农户进行农产品的生产、加工和销售，为农户提供生产资料、技术支持和信贷服务，帮助农户开拓市场，销售农产品。农协通常会组织农户进行联合购买和销售，使农户可以得到更便宜的农业生产资料，同时在农产品销售市场上取得更加合理和有利的成交价格，维护农民的利益。农协还会参加和组织各种交易市场，建立自己的加工、挑选、包装、冷藏和运输机构，以及一些批发市场、商店和超市，利用信息网络和遍布各地的组织机构，组织农户统一销售，帮助农户更好更快的销售农产品，获得更多的收益。

（3）政府对农产品流通政策的支持。日本政府制定了很多关于农产品市场流通和价格制定方面的相关法律，如《批发市场法》（保障了农产品批发市场的有序经营和农产品的顺畅流通）和《农产品价格稳定法》（稳定农产品价格，保证农民的收益和生产积极性）等。日本政府还设立了农林水产省综合运用政治、经济、法律等手段，对农业的产供销一体化进行管理，负责农业生产资料的供给，以及农产品的生产、加工、流通和进出口贸易。在进出口贸易政策方面，日本政府对进口的农产品和水产品征收高额的关税，设置了复杂的关税征集方法，对进口农产品设置了很高的贸易壁垒。同时，还实行了进口许可证制度，对农产品实行价格和数量等方面的进口限制，如在数量上限制了对大米、除大豆以外的豆类、牛奶，以及海鱼类加工食品的进口。

（4）金融部门的支持。日本的金融体系中包括了中央银行、民间金融机构及政策性金融机构，它们在分工和业务领域上有严格的限制，不能交叉经营业务。日本的农村合作金融组织包括农林中央金库、县信用农业协调组合联合会和综合农协，它们的业务范围也不一样。这些合作金融组织在农产品流通中发挥了很大的作用，如为农户提供各种用途的贷款，帮助农户更好的进行农产品的生产和销售，以及改善农民的生活条件。

3. 日本农产品流通现代化的特点

日本农产品的生产区域分散，主要以小农户经营为主。因此，日本的农产品现代化有以下特征：

（1）农产品流通的环节多、成本高。在日本，除了少数批发商可直接从产地直接进货外，其他大多数批发商都要经过多级批发市场才能进行农产品交易，而中间商一般不能直接从事批发业务，农产品进入零售阶段前一般都要经过两级甚至两级以上的批发渠道，这样就增加了农产品的流通成本。尽管近年来在日本兴起了一种新的农产品直销模式—直卖所，但从总体来看，通过地区市场的层层分销仍是日本农产品流通的主要形式。

（2）农产品流通渠道法制化和规范化程度较高。日本政府出台了一系列法律法规来规范农产品的流通。例如，《市场法实施规则》就规定了批发市场的农产品必须当天上市当天售完，其不允许其与批发市场以外的个人或者组织进行交易，为中间商或零售商进行农产品的直接采购活动。这就大大提高了日本农产品批发市场中产品的流通效率。

（3）农产品批发市场管理严格，运作规范，充分利用了市场竞争机制。日本的批发市场可分为中央批发市场和地方批发市场，其中中央批发市场的设立必须经过农林水产大臣批准，且要求开设者是地方的政府部门或者公共团体组织；地方批发市场的设立则同样要经过都、道、府县等各级行政机构批准。日本政府还对批发市场的交易活动和交易行为进行了严格的规范。

（4）农产品市场的参与主体之间存在利益分配的不均。日本通过颁布实施《零售法》来保障农产品流通组织的利益。但是在农产品流通环节中，各个市场参与主体的利益分配却很不合理。例如，在获利方面，获益最多的是农协43.6%，然后是零售商40%，生产者仅为28.5%，而中间商和批发商就更少，分别是10.9%和4%。日本的零售商们通常都会提高农产品的零售价格以便保证其43%的获利能力，这样就使得日本农产品的零售价格很高，缺乏国际竞争力。

（5）拍卖交易等现代化的交易方式是日本农产品市场交易的主要方式。拍卖交易是日本农产品市场的主要交易方式，日本大多数的生鲜农产品（如花卉、蔬菜、水果等）都是通过拍卖交易的方式售卖给了中间商。

（6）政府对农产品流通的保护较多。日本政府历来都对农产品的生产和流通实施管制和保护，只不过随着时间和经济发展形势的变化，力度有所不同。日本可以说是世界上为数不多的对本国农业保护时间最长，程度最深的国家之一。为保护本国的农业，日本政府制定了大量的法律法规、政策、关税和非关税贸易壁垒，以及贸易技术壁垒。

三、法国的农产品流通模式

（一）法国农产品流通现代化的背景

法国是世界主要发达国家之一，也是世界主要农业大国，农业高度发达。法国的农业资源禀赋介于美国和日本之间，法国的农业生产具有以下突出特点：一是法国主要的农业生产者为规模农场；二是法国已形成具有地区特色的农业生产优势区域；三是法国农业产业的专业程度很高，农业生产经营活动主要是依靠农业合作社和农业协会等专业组织。法国不仅是欧盟第一大农业国，也成为世界上仅次于美国的第二大农业出口国。观其农业发展历程，其演进过程大致可分为四个阶段：

（1）农业缓慢发展阶段（1900 年以前）。19 世纪前期，法国农业是建立在封建土地制度基础之上的，其全部土地都属于封建主所有。1789 年的资产阶级革命摧毁了其封建土地所有制，完成了土地的再分配，使资产阶级和农民拥有了土地。但同时，地块越分越小，土地占有更加分散，土地耕作完全是人力加蓄力的小块耕作。在这一时期，法国农业仍然是小农经济占有统治地位。这种农业土地所有制加之当时整个社会缺少农业商品化生产的条件，致使农业发展迟缓。

（2）农业生产快速发展阶段（1900～1945 年）。19 世纪中叶，法国的工业革命使农业生产机械化程度有所提高，但影响程度有限。虽然当时全国蓄力牵引机器的数量有较大增长，但使用这些机器的主要是一些大农场主，而农民所使用的工具变化不大。1900～1945 年，由于农业机械价格下降和农业工人工资提高，使得蓄力牵引机械在法国得到了大量的推广和普及。农业劳动生产率大幅度提高，粮食作物产量有了较大增长。法国农业得以快速的发展。

（3）农业生产恢复阶段（1945～1962 年）。第二次世界大战期间，法国经济遭到严重破坏，农业也未能幸免于难。战后初期，为了恢复国民经济，解决当时严重粮荒和原料缺乏问题，法国政府开始着手进行"农村改革"，制定和实施了一系列政策，着重进行农田基本建设，发展农村的交通运输、电信事业等。这为后一阶段农业的快速发展和现代化建设奠定了良好的基础。

（4）农业现代化进程加速并最终实现阶段（1962 年至今）。经历了一段恢复时期后，法国农业的现代化进程明显加速。农业政策也由过去的政府调节市场政策逐渐转向政府全面干预农业生产、加工与销售过程的政策。并利用现代科学技术装备农业，通过实现农业机械化、农业电气化、作物、畜禽良种化，以及农业生产专业化完成了农业的现代化。

（二）法国农产品流通现代化进程、现状与特点

1. 法国农产品流通现代化的进程

法国在第二次世界大战后短短 30 多年内便实现了农业现代化，除了与政府对农业发展的重视和大力支持、先进的农业生产技术、科学的生产运作，以及高度的产业化体系有关外，合理有效的农产品流通体制也是加快其农业现代化进程的重要因素之一。在法国农产品流通领域，作用最为突出是农业合作组织。法国农产品流通合作组织在发展大体可分为三个大的阶段：

（1）起源并缓慢扩展阶段（19 世纪中叶～1945 年）。1844 年，英国 28 名纺织工人创立了罗虚代尔合作社，建立了合作意识与健全管理相统一的原则。随后，罗虚代尔合作原则迅速传入法国，并为法国农民广泛接受，对法国农业合作运动产生了深远的影响。1880 年前后，法国的农业联合会发展起来，并广泛参与经济活动，他们创立的"小型商店联合会"大批转变为合作社。1890 年前，夏朗特人创立了奶业合作社，实行类似罗虚代尔合作社原则。1904 年，在葡萄酒大危机中，一些独立的葡萄生产者联合起来，创立了葡萄酒合作社，从事酿酒和销售。总的来说，这一时期，法国农业

流通领域合作组织发展十分缓慢。

（2）快速发展阶段（1945年～20世纪70年代末）。1945年以来，特别是20世纪60年代以来，适应法国农业现代化发展的需要，法国农业流通领域合作组织进入高速、大规模发展时期，且伴随着大量的重组与重建，农业流通合作组织规模不断扩大。究其原因，主要缘于几个方面的因素：一是农场经营规模较小与农业现代化的矛盾突出；二是随着法国农业现代化的发展，农产品商品化程度越来越高，市场问题越来越突出，如中小农场不能及时、准确地获取市场信息，难以适应不断变化的市场需要；三是随着农业现代化的推进，法国农产品国内市场已基本饱和，农业的进一步发展要求开拓农产品国际市场，而单个中小农场规模小、实力弱，难以应对竞争更为激烈的国际市场。在此背景下，法国农业合作社在政府的有力政策支持下得以迅速发展。

（3）经营战略调整阶段（20世纪80年代以来）。20世纪70年代，特别是80年代以来，市场经济在世界范围内得到迅猛发展，传统的贸易壁垒打破，法国农业流通领域合作组织面临严峻挑战：合作社缺少与超常资本企业竞争时所需的资金和管理等资源；政府扶持减少，合作社需比以前更加独立；合作者开始对合作社的前途感到迷惘，失望。面对这些挑战和危机，法国农业流通领域合作组织对其经营战略迅速做出调整，如进一步挖掘合作社企业提供信息、培训和咨询的作用；将环保理念引入合作社企业经营管理当中；致力于科研开发与应用等。经过战略调整后的合作组织竞争力极大提高（何国平，2007）。

2. 法国农产品流通现代化的现状

当前，法国农产品流通主体主要有农业合作社、农业联益公司、销售组合，以及私营和股份制商业企业。

（1）农业合作社是法国农产品流通的重要主体。农业合作社是法国农产品流通主体最主要的形式之一。农业合作社对法国农业现代化的推动起到了十分重要的作用，将农业产前、产中、产后的各个环节联系在一起，特别在科技推广、技术培训、信息咨询、资金、保险方面直接为农民提供了生产指导与服务。同时，农业合作社联结了生产与销售，以集团的力量面对市场竞争，合作社通过议价的方式，在一定程度上影响了农产品市场价格，增强了农民的市场话语权，为农民牟取更多的利益。

当前农业合作组织在法国十分普及且数目众多。根据其服务功能不同，可以分为农业信用合作社（包括农业互助信贷银行、独立的农业信用合作组织）、农业保险合作社（包括农业互助保险合作社、农业社会保险合作社）和农产品生产、服务、购销合作社（包括农产品生产合作组织、农业服务合作社、农产品流通领域的合作社）。在各类型的农业合作社内，又可以根据其组建模式，分为基层合作社（或一级合作社）和合作社联盟（或二级合作社）（蒋忱忱，2011）。

在法国农业合作社中，办得最为成功的是流通领域合作社。这类合作社分为以农产品购销合作社为代表的基层合作社和以法国农业联盟为代表的合作社联盟。流通领域的合作社对于推动法国乡镇建设农村现代化、加速农产品流通、减少成本、增加收入、提高农民教育水平和技术推广普及、建立一体化农业、联结城乡渠道等都发挥了巨大的作用。纵向联合是法国流通领域合作社的最大特点。这种产供销的一体化比单纯的横向联合有着更强大的生命力。

（2）农业联益公司在农产品流通中发挥着重要作用。它是为了在合作社和非社员之间、合作社与私人集团之间形成一种伙伴关系而建立的股份有限公司。与一般销售合作社相比，农业联益公司在资金上有着更大的灵活性。它可以销售非成员的产品，可以和合作社合作在原料产地收购、加工、包装、贮存和销售水果和蔬菜。

（3）各种销售组合是法国农产品流通的特色。销售组合有两种形式：一种叫生产者组合，另一种叫农业经济委员会。前者是各行业的农业生产者的自愿组合，其主要任务是制订行业规章以适应市场的需要。如规定产品生产和销售的技术条件，交售产品的品种、规格、数量、质量、价格，以及产品的上市时间等，凡是参加组合的农民必须服从组合的这些规定。后者由生产者组合和同行联合会联合组成，其主要任务是协调参加委员会的各个生产者组合所制订的生产、销售和价格的规章，并实施上市的共同规则。因此，销售组合既有助于保证市场的供求平衡，又能促进农场主提高农业生产技术水平，有利于农场的现代化（纪良纲等，1998）。

（4）私营和股份制商业企业积极参与农产品流通。私营和股份制商业企业主要是农产品批发市场中的批发商及超市、零售店的零售商，经营多以生鲜和加工食品为主。法国农产品流通形式有批发市场、超市及零售店、期货市场、农业食品业综合体直购直销等。其中批发市场是农产品流通的主要渠道。欧盟农产品市场体系比较健全，管理严格规范，商品化程度很高，服务设施完善，大部分农产品通过公平有序的竞争方式在农产品批发市场成交。农产品的销售过程是：农业合作社将其社员的农产品集中起来，在大型批发市场以拍卖的方式进行销售。

全法国共有 23 家的农产品批发市场属于国家的公益市场。法国的农产品流通网络由 9 个大规模公益性批发市场和其他中小型规模的农产品批发市场组成。建于 1969 的法国巴黎郊外的汉吉斯国际批发市场，是目前世界上面积最大的现代化大型农产品批发市场。该批发市场以法国为中心，并把周边西欧诸国纳入其商业圈运销活动范围，规模极大，流通范围涵盖了德国、西班牙、意大利、荷兰等国（周发明，2009）。

3. 法国农产品流通现代化的特点

（1）流通主体多元化。法国农产品流通主体由农业合作社、农业联益公司、销售组合、农业工会等多种形式构成，共同参与农产品的流通。虽然这些机构或组织的名称、功能、组织结构和管理方式不尽相同，但它们在不同程度上都为广大农户提供与农业产前、产中、产后相联系配套的仓储、运输和销售等多个方面的服务，为农产品的流通创造了良好的条件。

（2）农业合作社规模化、一体化。法国农业合作社在发展到一定程度后，为提高自身的市场竞争力，逐渐走向联合发展之路。通过进行内部的组织和制度创新，与私人企业、其他合作社合并、重组、合作等方式，法国农业合作社的经营规模和经营领域不断扩大，规模经济效益日益突出。此外，纵向联合也是法国农业合作社发展的特点。法国的农业合作社已经形成了农业产前、产中、产后一体化的网络，很多合作社已经逐步成为加工、贸易、服务三位一体的综合性农业合作组织，甚至有的合作社还与欧洲其他国家的合作社结成了跨国的大型农业企业，向跨国性组织方向发展。

（3）物流技术先进，流通网络发达。在法国农产品流通领域广泛采用的现代物流技术，保鲜技术、冷藏运输技术、包装技术和流通加工技术等都已达到较高水平，能够使生鲜农产品从生产者迅速到达消费者，且在流通过程中农产品的质量安全能够得到保障，农产品的附加价值也可得以提升。不仅满足了消费者对生鲜农产品多样化、高度化的需求，也使农民获得了更多的利益。

四、美国、日本和法国农产品流通模式的比较与经验借鉴

（一）美国、日本和法国农产品流通模式的比较

1. 相同的方面

（1）各种形式的农民合作组织成为解决农业生产者与市场对接的主要组织形式，在实现农产品流通现代化的进程中发挥着重要作用。在美国、日本和法国，各种形式的农民合作组织在农产品流通中充分发挥着联结农业生产者和各类农产品市场的中介作用，他们为农户们提供很多优质的服务，帮农户采购生产资料，指导农户进行农产品的生产和加工，提供技术支持，并依靠自己的信息网络和组织给农户提供农产品销售的信息和便利，很好的维护了农民的利益。各国的农民合作组织都为本国农产品的迅速有序流通和农产品流通的现代化发展做了很大的贡献。

（2）政府都制定和实施了一系列的法律法规和政策措施为农产品流通现代化的实现构建了良好的政策制度环境。政府都十分重视农产品的生产和销售，都制定了相应的法律法规和政策来引导、维持和保护本国农产品的流通。此外，政府都为农户提供了资金支持，政府补贴和信贷服务等各种优惠措施，并且也为保护本国农产品的销售制订了一些贸易政策，如积极开拓海外市场，同时利用贸易关税或其他壁垒保护国内农产品的生产和销售。

（3）现代信息技术和先进的管理手段大大促进了农产品流通现

代化的进程。各国都十分重视对农产品流通信息技术的投入和研发力度，注重利用现代科学技术提高农产品流通的效率，采用先进的物流管理理念和方式，结合先进的设备，对农产品进行加工、包装、运输和销售，加快了农产品的流通速度，提高了农产品流通的效率。

2. 不同的方面

（1）政府对农产品流通的干预程度不同。各国政府对农产品流通的干预程度不同，其中日本政府的干预最彻底，也最严格。美国和法国的政府根据农业发展的不同历史阶段也对农产品流通采取了不同程度的干预措施，比如在农业生产力低下和发展阶段，政府制定大量政策来保障农民的利益，帮助农民销售农产品，并获得有吸引力的收益。

（2）农产品流通现代化的具体模式有所不同。美国和法国的农产品流通渠道除了批发市场以外，还有直接由产地销售给零售商的直销模式，而日本的农产品流通则主要依靠各级批发市场来进行。因此，总体来说美国和法国的农产品流通在渠道方面没有日本限制的那么死板，相对比较短，农产品的流通速度较快，时间较少。

（3）农产品的市场竞争力和流通方向不同。美国和法国都是农业大国，农业发达，生产率高，除本国消费外，每年有大量的农产品销往国外，农产品流通现代化程度很高，两国的农产品在市场上都有很好的竞争力。而日本由于受到地域的限制，农产品的生产供给也被限制，大多数农产品要依靠进口才能满足本国人民的消费需要，而且日本农产品的价格也比较高，在国际市场上没有太多的优势和竞争力。

（二）美国、日本和法国农产品流通模式的经验借鉴

美国的农产品流通现代化是一种建立在规模生产基础上的大农

业生产模式，日本主要是小农户为基础的生产模式，而法国的农业生产条件则是居于二者之间。这些模式都是来源于各国自身的特点，基本上也是适应各国的实际情况。我们可以归纳为以下几个方面作为对我国农产品流通现代化的借鉴：

1. 持续增强政府在农产品流通扶持方面职能和作用

（1）制定明确而连续的农产品流通政策。可以加强农户与农产品生产加工企业，以及运输和销售企业的联系，实行分工合作。但是这可能需要一些组织进行牵头管理，组织协调好各方的行动和利益，比如农民自己组织自己的合作社或者协会。也可以通过某个部门或者企业牵头，建立农业产业化企业，把农户连接起来，生产企业需要的农产品，由企业进行收购、加工、包装销售或者出口国外。当然这一切的实现离不开政府的支持和引导，以及在政策和税收等方面给予的优惠和鼓励。实现产供销一体化经营符合农产品自身的特点，可以大大缩短农产品从生产到加工，再到运输，最后到消费者餐桌的时间，保证农产品的新鲜。同时，这种做法也有利于有效利用资源，组织和协调农业生产，提高农民在农产品流通中的地位，帮助农民了解市场信息，生产适销对路产品，防止农产品生产出来却无法销售的现象，保障农民的经济利益，同时也可以协调好农产品加工和经营者的利益，为他们提供成本更低，更加符合质量要求的农产品。

（2）不遗余力的推动农产品流通管理的法制化。各国都制定了许多法律法规来规范农产品流通及其管理。

（3）加强政府部门对农产品流通支持服务的力度和宏观调控的能力。政府在农产品流通中通过行政、法律或者经济手段进行必要的宏观调控可以保证农产品流通市场的稳定和有序，引导生产经营者的行为，稳定农产品的供应和价格水平。

2. 大力推动农产品流通的渠道和组织建设

（1）拓宽和缩短农产品流通渠道，减少流通成本。流通渠道对农产品的流通十分重要，流通渠道的缩短可以有效地减少流通成本，使农产品更具竞争力。同时，拓宽多渠道，也可以使农产品有更多的方式流通，加快流通速度。常见的农产品流通方式是通过批发市场或者直销。其中直销方式现在得到许多国家和地区的推崇，如"农超对接"，这种方式可以使农产品能以最快、最新鲜的状态流通到最终消费者手中。

（2）充分调动农民的积极性，加强和充分发挥农民合作组织在农产品流通中的作用。在美国、日本和法国，当地的农民合作组织在农产品的流通中都发挥了十分重要的作用，他们的做法也十分值得我们借鉴，那些国家的农民合作组织都为农户实现规模化经营提供了条件，为农业生产的产前、产中、产后提供了一系列的服务。例如，产前提供农业物资的采购，产中提供技术支持，产后帮助农产品打开市场，更快的流通出去。

3. 重视农产品流通基础设施的投入和建设

美国、日本和法国在保障农产品流通方面都投入了大量资金，主要修建了大量的基础设施，如高速公路，铁路，航道等，这些交通基础设施的建设大大加快了农产品的流通速度。另外各国对农产品交易市场的建设也十分重视，大力扶植和建设大规模的农产品交易市场，并对一些农产品流通企业提供资金支持。特别需要说明的是，美国、日本和法国在保障农产品物流冷链方面的建设也投入了巨额的资金。

4. 鼓励和推动农产品流通新技术的推广与应用

（1）保鲜技术。重视对保鲜技术的研发投入力度和应用力度，减少农产品流通的环节损耗。

（2）流通环节的集成化技术。农产品流通是各个环节有机联系的整体，各个环节的物流、商流、信息流和资金流的交换非常频繁，这对整个农产品流通链条提出了挑战。加强对农产品流通系统的集成化技术的研发、推广与应用对提升整个农产品流通系统的现代化水平具有深远的影响。

（3）信息技术。进一步推动信息技术在农产品流通中的重要作用，如条形码技术、快速扫描技术、农产品流通追溯技术等。

5. 重视对农产品流通人才的培养

农产品流通人才是农产品流通现代化能否实现的重要保障。国际发达国家和地区的农产品流通实践证明，熟悉现代农产品流通体制机制的人才对推动农产品流通现代化具有重要作用。政府要构建农产品流通人才的培养长效体制机制，这个机制应该包含各级政府、农产品流通从业者及培养机构。

五、本 章 小 结

由于资源禀赋、产业基础和文化积淀均存在差异，美国、日本和法国农产品流通现代化模式、演进过程、现状与特点均存在显著差异。本章从美国、日本和法国农产品流通的背景出发，系统归纳了世界主要发达国家农产品流通现代化的进程、现状与特点。基于这些分析，本章对主要发达国家农产品流通现代化的模式进行了比较，并在此基础上总结了发达国家农产品流通现代化对我国的启示，这有助于对我国农产品流通模式发展方向的把握。

第十章

研究结论与政策建议

一、研究的主要结论

（1）允许多种农产品流通模式并存是确保农产品流通现代化进程中农户利益保障的重要举措。鼓励农户主体选择或政策外推或主体选择与政策外推联合作用的各种农户提升自身组织化程度的各种探索，积极营造良好的政策制度环境，并要保持政策的连续性和包容性。特别要鼓励农民合作经济组织的发育和发展，充分发挥其在农产品流通现代化的作用，但同时也要加强对农民合作经济组织的监管，以便其职能能够充分发挥。审慎对待其他形式的农产品交易模式，这些交易模式在一些地区，在短时期内仍然有其巨大的发展空间和作用，因此应给予其发展现状以充分的包容，而不应该搞"一刀切"。

我国具有不同于其他任何国家和地区的资源禀赋条件、农业生产经营方式和农业文化内涵、因此我们不可能去照搬任何国家和地区的农业及农产品流通现代化的道路。我们必须重视我国农业分散的小规模经营这一现实，探索具有中国特色的农业及农产品流通现代化道路。尽管传统和具有现代特征的农产品交易模式并存于当前的农产品流通体系，且对农户表现出不同的作用，但却都在农产品流通体系中扮演着重要的角色。必须要坚持当前的农业家庭经营方式，在有条件的地方可以发展一些专业大户、家庭农场、农民的专业合作社等多种形式的一些适度规模经营的新的经营方式，以提供给农户在实现农产品流通现代化的进程中更多的自主选择权。

（2）外部环境对农产品流通渠道变革的影响是长期而深远的。本书从宏观环境层面，基于农产品流通演进的外生视角构建了一个理论模型，并利用 1981～2014 年的时间序列数据实证研究了农产品流通渠道长度的演进规律，以及影响其演进的外生环境因素。研究结果发现：

①农产品流通渠道长度的演变呈现出明显的阶段性特征，表现为渠道长度先变长再变短的"倒 U 型"演变趋势：其渠道长度在 2000 年之前逐渐变长，2001～2009 年开始变短，2010 年以来又呈现出小幅波动的特征。这种变化特征与农产品流通领域的外部环境和政策调控紧密相关。

②居民食品消费支出、消费者延拓性、交通基础设施，以及农产品流通政策的市场化导向对农产品流通渠道的长度具有显著的负效应，而居民的老龄化程度对农产品流通渠道的长度却表现出显著的正效应；城市化水平和居民的教育程度对农产品流通渠道的长度没有显著影响。

③鉴于各环境变量对农产品流通渠道变革作用方向和影响程度的差异性，未来农产品流通渠道变革的演进还将呈现出一定程度的波动特征。

（3）交易成本是影响农户选择流通模式的重要因素。

①就交易成本的节约角度看，农户的组织化行为更有利于保障

和提升农户的利益，但不同的组织化形式又存在显著的差异性，总体来说，发生的交易费用由低到高依次为合作社、农技协、龙头企业、大农场、经纪人和单个农户。

②农户自身的特征对农户的农产品交易方式的选择具有显著影响，但不仅农户特征的不同方面对交易方式的影响不同，而且农户特征也表现出对不同交易方式的影响程度不同。

③交易成本是影响农户农产品交易方式选择的主要因素，但对于不同的农产品交易方式，信息成本、谈判成本、执行成本和运输成本表现出不同的影响力。

④农户以"抱团"形式集体进入市场更有利于节约交易费用，特别是农户合作色彩浓厚的合作社交易模式，在其他农户利益的诉求上比其他交易模式表现的更加出色。因此，从节约交易费用的角度看，农户选择农产品流通现代化路径的优先顺序是：合作社＞农技协＞龙头企业＞大农场＞经纪人＞单个农户。

（4）不同农产品流通模式中农户福利的显著差异是影响农户选择农产品交易模式的重要因素。基于农户视角的农产品流通现代化的道路应充分考虑农户的福利问题，不同农产品流通模式中农户福利的显著差异是影响农户选择农产品交易模式的重要因素。通过对不同交易方式中农户福利的模糊指标评价结果显示，不同农产品交易方式下的农户福利水平具有较为显著的差异，本书所考察的六类农产品交易方式中，农户总体福利水平处在三个显著不同的水平上："单个农户＋市场"和"农户＋龙头企业＋市场"交易方式中的农户福利处在较低的水平上；"大农场＋市场"和"农户＋经纪人＋市场"交易方式中的农户福利水平处在模糊的福利状态；而"农户＋合作社＋市场"和"农户＋农技协＋市场"交易方式中的农户福利水平处在相对较高的福利水平上。

（5）农户组织起来进入农产品流通渠道是建设有中国特色农产

品流通现代化的主要路径。农户组织起来进入农产品流通渠道的模式（即合作经济组织主导的农产品流通模式）是我国农户实现农产品流通现代化的重要路径。当前，我国农业的小规模分散经营既不利于农业的实现规模经营效应，也不利于农业新技术的采用和推广，同时也不利于农产品进入大市场、实现农业及农产品流通现代化成为学术界和政府有关部门的广泛共识。

通过对国际发达国家和地区农产品流通现代化模式的比较和经验总结，本书发现：无论是以美国为代表的地多人少的农业及农产品流通现代化模式，还是以日本为代表的地少人多、耕地有限、小规模加工农场的农业及农产品流通现代化模式，抑或是以法国为代表的资源禀赋鉴于上述两类国家之间、发展适度规模农场的农业及农产品流通现代化模式均是把提高农户的组织化作为该国实现农业及农产品流通现代化的主要路径。

通过对交易费用对农户流通模式选择影响实证分析，本书发现：相较其他的交易模式而言，农户组织起来进入农产品流通渠道的模式是最节约交易费用的模式，在信息成本、谈判成本、执行成本和运输成本的节约方面均具有较大优势。

通过对不同农产品流通模式下农户福利效应的比较分析，本书发现：无论是否考虑转换因素的影响，合作经济组织主导的农产品流通模式的农户福利效应均显著高于其他的农产品流通模式。

（6）短期来看，农户通过其他市场化色彩浓厚的流通主体进入市场的流通模式是探索农户实现流通现代化道路的必要补充。当前，我国存在着许多农户参与农产品流通的流通模式，尽管国外发达国家和地区的农产品流通现代化的经验均表明提高农户的组织化程度是其实现农产品流通现代化的主要路径，但从我国农产品流通的现实来看，我国农产品流通存在显著的地区和种类的不均衡性。很多地区并没有发育完全的合作经济组织形式，加上国家政策对不同种类的农产品流通的干预不同，因此在很多地区农户并没有自主选择农产品流通模式的权利。

农户除了组织起来进入农产品流通渠道外，还有许多通过其他市场化色彩浓厚的流通主体进入市场的流通模式。市场化色彩浓厚的流通主体主要包括龙头企业、经纪人、农产品批发商及零售商等。农户通过龙头企业进入市场模式（即龙头企业推动模式）曾经是国家农业产业化的重要举措，也曾作为解决"小生产"与"大市场"对接的主要手段，但由于其不稳定及农户利益难以得到保证等原因，使得龙头企业推动模式一直未能很好地解决"小生产"与"大市场"对接的问题。长期以来，农户通过经纪人（以经经纪人主体的贩运型流通模式）、农产品批发商（批发市场集散模式）及零售商进入市场是我国农产品流通的主要模式。尽管这些流通模式备受批评，但不可否认的是其在很长一段时间内在我国很多农村地区还将广泛存在。

因此，在短期来看，继续留存甚至鼓励农户通过其他市场化色彩浓厚的流通主体进入市场对在实现农户流通现代化的进程中保障农户利益具有重要的意义。从某种意义上来说，确保多样化的农户进入市场的流通模式是探索农户实现流通现代化道路所必须付出的成本。但从长远来看，提高农户的组织化程度是实现农户流通现代化最重要的路径。

（7）"农超对接"这种缩短中间环节的农产品流通模式是推进我国农产品流通现代化的一种尝试，但从合作社对农户的盈余分配来看，这种模式仍有较大的改进空间。

①大多数合作社并未严格按照《合作社法》的规定建立健全而完善的管理制度体系（特别是决策机制和财务制度），即使部分合作社按照《合作社法》的规定建立了一些管理制度，也没有按照《合作社法》的规定去严格贯彻执行，这是造成当前大多数合作社

的盈余分配没有达到《合作社法》对合作社盈余分配要求的主要原因。

②当前合作社的管理人员和普通社员自身素质不高和能力不足是导致当前难以执行《合作社法》对合作社盈余分配规定的重要原因。《合作社法》构建了合作社完备的管理制度体系，但当前合作社的管理人员的素质普遍不高和能力不足使得合作社的规范化存在很大的困难，很难建立完全符合《合作社法》的各项管理制度体系并严格贯彻执行；而普通社员的素质不高和权利意识薄弱又使得普通社员对合作社的运行缺乏必要监督。

③各级管理部门对当前合作社的运行和管理情况缺乏必要的监管是造成当前《合作社法》难以执行的外在原因。当前合作社在盈余分配上存在种种问题，加之合作社的各级管理部门对合作社运行和管理情况缺乏有效的监管。使得部分合作社未能履行《合作社法》所赋予的应尽之责。

④大多数合作社在组织机构、运行机制上存在缺陷，导致了合作社普遍存在盈余分配不公开、不透明，盈余返还的比例偏低，农民通过合作社参与"农超对接"以改善收入状况的效应十分有限。绝大多数合作社有章程，但无具体管理制度；社员大会有名无实，社员权利被架空从而导致普通社员被排斥在合作社盈余分配的决策之外；合作社财务制度的不规范进一步限制了合作社盈余分配的公开化和透明化。

⑤对合作社中的企事业单位成员的行为缺乏必要的约束和规范，从而使得企事业单位成员在合作社中更有话语权和影响力，导致了合作社与合作社中企事业单位社员的利益协调和分配机制模糊不清，合作社中的企业社员控制合作社的情况比较突出。

⑥不同类型的合作社在盈余返还机制和力度上存在较大的差异，纯粹农民自发联合型合作社表现最好，其次为围绕个体经营户

（大户）发育而成的合作社、围绕经纪人发育而成的合作社、以承包经营方式为主的合作社，而含有企事业单位成员的合作社表现最差。

二、政策建议

（1）鼓励和保护现存的农产品流通多样化模式，给予农户在农产品流通中以充分的自主选择权。任何事物的存在都能寻找到其存在的原因，当前农产品流通多样化模式的并存也有其存在的现实原因。长期以来，无论是政府层面、还是学术界，抑或是农业生产和农产品流通的从业者们无不在寻找追赶世界先进发达国家和地区农业及农产品流通现代化的道路及具体实现路径。然而，从改革开放开始，虽然这种追寻道路的角度从未停止，但却仍然没有找到立足于我国国情的农产品流通现代化道路，特别是在保障农户利益的前提之下。显然，多种农产品流通模式并存的现实有其深刻而复杂的原因。

本书的研究表明，短期来看当前农产品流通多样化模式与当前我国农产品流通地域发展的不均衡性一脉相承。农产品流通现代化进程是一个漫长的过程，由于各地农产品流通现代化的程度不同，农产品流通现代化在各地的路径和方式也不尽相同。因此，有必要为农户的农产品流通现代化道路提供尽可能多的选择机会，让农户有充分的自主权基于自身的条件和本地资源禀赋来选择最适合自身的农产品流通现代化道路的方式和时机。只有这样农户才能在实现农产品现代化道路中保障自身的利益不被侵犯。

（2）提高农户的组织化程度，重点推进农民合作经济组织建设工程。

①鼓励农户组建和参与各类农民合作经济组织。合作经济组织是弱者的自救与政府扶持相结合的产物，农户以"组团"方式来完成对自身弱者身份的改变是适应现代市场经济的首要之选。应积极营造条件鼓励农户组建和参与各类农民合作经济组织，可以考虑从以下两个方面来着手：

一是在农户中加强对合作经济组织相关知识的宣传力度，使更多的农户接受合作经济组织的"互助""风险共担、利益共享"的观念，以及在降低市场风险等方面的优势。

二是培育新型农民和合作经济组织型领导人。加强对农民的培训力度，使之既能从合作经济组织中获利又能推动合作经济组织的发展；重点培育具有现代组织管理意识和市场开拓能力的合作经济组织领导人。以此来增强合作经济组织对农户的吸引力和凝聚力。

②鼓励地区性、行业性的单一性及综合性两种农业合作经济组织发展。

一是消除地区性、行业性的单一性及综合性农业合作经济组织发展政策障碍。国际农业及农产品流通现代化经验表明，单一性和综合性农业合作经济组织是实现农业及农产品流通现代化道路的两种合作经济组织发展道路。单一性的合作经济组织以专业化为特征，是针对农业生产和农产品流通某一个环节或某一服务所处理的合作经济组织；而综合性农业合作经济组织则是各个环节的联合体。

二是鼓励综合性农业合作经济组织开展农产品流通的各种探索，如引入法人、开展农产品加工、大力开发地域农产品品牌建设等，以此拓展综合性农业合作经济组织在农产品流通等方面的地域辐射功能。

③鼓励各类合作经济组织积极参与农产品流通现代化的进程。合作经济组织在农户实现农产品流通现代化中的作用无可替代，应

充分发挥合作经济组织在农产品流通现代化中的作用。可以考虑的做法为：

一是构建良好的政策制度环境鼓励各类合作经济组织参与农产品流通体系建设。事实上，作为农户"抱团自救"的大部分合作社，除了其在农业生产上的职能外，参与农产品流通是其主要职能。因此，需要从政策和制度上为更多的合作经济组织参与农产品流通提供便利。

二是鼓励合作经济组织积极探索其他进入农产品流通体系的方式。当前合作经济组织进入农产品流通体系的传统方式主要有：合作经济组织直接进入批发市场；合作经济组织和龙头企业合作进入市场等。应鼓励合作经济组织积极探索其他进入农产品流通体系的方式，如合作经济组织直接与超市对接的"农超对接"模式；合作经济组织直接进入农产品拍卖市场的模式；合作经济组织通过电子商务手段直接和各类消费者对接的"电子商务模式"；合作经济组织直接在消费终端建立直营店的"直卖所"模式等。

④各级政府部门要特别关注对合作经济组织的监控和整治力度，规范合作社在组织制度建设、运行机制、利益分配等方面的行为。

建立定期和不定期的对合作经济组织的监控和考核力度，对表现优秀的合作经济组织，可以考虑通过"以奖代补"等方式给予一定奖励或给予一定的财税优惠措施，构建"榜样"效应；对不规范的合作经济组织要求其限期整改并对其整改情况及时复查；对确有困难的合作经济组织有针对性的提供必要的帮助，如帮助其进行人员培训等；建立农民对合作经济组织监督的上报机制。

（3）积极探索农户实现农产品流通现代化的新模式。

①积极探索和规范农户与现代零售企业的对接模式（主要是"农超对接"模式）。自2008年年底以来，农业部和商务部发布了

多个文件推动"农超对接"由局部试点到在全国全面铺开,已成为政府高层推进农产品流通现代化的一项主要举措。"农超对接"就是着眼于通过提高农民的组织化程度和减少中间环节以实现提高农民收入、强化农产品质量安全控制和增加消费者福利等多种政策目标。为了切实发挥"农超对接"对促进农户的农产品流通现代化进程的作用,应重点从以下几个方面着手:

一是从政策上继续鼓励"农超对接"的深入拓展。鉴于当前"农超对接"对整个农产品流通渠道带来的积极影响,政策上应继续鼓励和推动"农超对接"在更大范围内的扩展。

二是强化"农超对接"中对合作社监测力度,保障农户的基本利益。由于"农超对接"中很多合作社的不规范行为对农户利益带来的侵害,因此强化"农超对接"中对合作社在运行机制、决策制度及利益分配等方面的监测力度显得十分必要。应重点从以下方面着手:规范"农超对接"中合作社的规章制度建设;监测"农超对接"中合作社在运行机制、决策制度及利益分配等方面的行为,尤其是会计制度;特别要关注含有企事业单位成员的合作社的发展方向问题。

三是需要进一步加大对"农超对接"中合作社主要管理人员和普通社员的培训力度,增强合作社管理人员的法律规章意识、规范管理意识和普通社员的监督意识,帮助合作社尽快建立现代化的商业意识以便更好地发挥其职能。合作社的发展是受《合作社法》保护的,但许多合作社的主要负责人不具备基本的合作社规范管理的意识,把合作社看成是私有财产,用企业的管理意识来管理合作社,因而增强他们的法律和规范管理意识十分必要;同时,也要分批加大对合作社社员的培训力度,发挥合作社社员的监督作用。特别是参与"农超对接"后,合作社要和具有现代商业意识的大型超市合作,这就更需要加强自身的规范化管理以适应现代市场交易,否则就很难在"农超对接"这种新型农产品流通模式中生存下去。

②加快对农产品期货与拍卖、农产品电子商务方式的探索进程。

一是探索农产品期货的交易方式。农产品期货市场对推进农户的农产品流通现代化进程具有重要的影响，不仅有助于推动农产品产销的标准化进程，而且有助于为农业主管部门和农民提供了一个分析未来现货市场和发现价格的工具；而且有利于促进订单农业和农业产业化经营的发展。当前重点做好两个方面的工作：积极培植农产品期货市场的主体；加强对期货市场的监管，加快制度建设和规范管理，保证市场平稳进行。

二是探索农产品拍卖的交易方式。农产品的拍卖则具有交易效率高、节约搜寻和谈判费用、市场信息对等、交易更趋于公平与公正、降低农民入市风险等优点。当前重点做好以下几个方面的工作：做好农产品标准化工作；农产品拍卖市场建立地点的选择；农产品拍卖机制的建立与运行；对农产品拍卖的监管措施。

三是探索农产品电子商务交易方式。通过 B2B、B2C 等电子交易方式，构建"网上交易、网下配送"的产销对接模式。作为传统交易方式有益补充的电子商务，能借助互联网的优势，信息快速、直接、有效的在产销双方传递，省去中间环节，提高了流通效率，有助于一定程度上打破区域市场的分割。

（4）进一步加强对农产品流通现代化支持体系建设的力度。

①加强农产品流通的信息平台建设。加大对农产品市场信息建设、规制农产品的市场交易行为，进一步完善农产品市场交易制度，构建良好的市场交易环境和秩序。

一是要加强对农产品市场信息的收集、发布和共享的平台建设，充分发挥市场信息在协调供需关系方面的作用。本着保障农户基本利益的角度出发，建立一个各个农产品流通主体广泛参与、政府规制的涵盖国家、省（自治区、直辖市）、县市、乡镇等各级市场的农产品市场信息平台。定期不定期的向各个市场主体发布，并及时的提供市场预警方面的信息。

二是利用先进的技术手段、建立农产品流通渠道环节间的市场信息平台建设。如可以考虑引进电子商务以及管理信息系统等手段集成农产品流通渠道各个环节的信息，并使之为各个环节所共享，从而提高整个农产品流通环节的流通效益与流通效率。

三是各级政府要提供专项资金来支持农产品流通的信息平台建设。

②进一步加大对农产品流通的投入力度，特别是对农产品流通基础设施的建设力度。我国广阔的幅员、区域各异的资源禀赋及区域经济发展水平等巨大的差异，使得我国长期、大规模、长距离农产品的跨区域转运成为我国农产品流通的常态。从农产品的区域比较优势来看，农产品的跨区域流通主要是两条路径的转运：一条是农产品从主要产区向主销区的转运；另一条路径是农产品优势产区的中国中西部农业主产省向东部地区农产品主要消费市场的转运。进一步加强基础设施建设，构建农产品流通的硬件环境，减少农产品流通的运输成本。

一是逐步推进覆盖全国的农产品流通的基础设施建设工程。农产品流通基础设施建设主要包括农产品物流配送中心和道路建设。有些农产品（如生鲜蔬菜）极易因运输途中的环境变化而耗损巨额价值，需要建立覆盖全国的物流冷链和仓库；有些农产品（如大部分的水果）由于生产的地区性，可能生产在交通条件不好的地区，这就需要覆盖全国的道路运输条件。从某种意义上说道路基础设施建设影响着全国便捷农产品流通体系的形成。

二是重点贯彻落实全国鲜活农产品流通"五纵二横"①的"绿色通道"建设工程。需要重点解决以下问题:尽快实现农产品"绿色通道"的省际互通,消除政策差别、提高省际之间的农产品的流通效率;规范对农产品"绿色通道"的执法行为;争取当前的"绿色通道"惠及更多的农产品种类;争取更多的农产品绿色通道建设。

三是各级政府部门应该尽快出台适合本地区的农产品流通基础设施建设的中长期规划方案,从政策层面保障农产品流通基础设施建设的稳步推进。需要重点解决以下问题:农产品流通基础设施建设的中长期规划方案的制定与执行力度的问题,最好有一个单独的部门来做这项工作;建设资金在各级政府之间的筹措和分配方案;农产品流通基础设施的维护方案等。

③鼓励农产品流通新技术的引入和使用。农产品的流通现代化离不开农产品流通技术的现代化,农产品流通新技术的引入和使用不仅是农产品流通现代化的助推剂,也是农产品流通现代化的重要内容。应特别鼓励以下农产品流通新技术的引入和使用:

一是以数字化标识为核心的农产品质量追溯系统。如条形码技术,商品条形码技术是农产品质量追溯系统中的核心,条形码是一种数字化的信息标识,消费者可以在食品零售商店中通过光电扫描设备,即通过条形码阅读器了解农产品的生产者、加工者、经营者的情况,以及各环节的时间、方式及种种质量技术信息(张昱,2003)。

二是农产品流通环节的集成化技术。农产品各环节之间信息流通非常庞杂,且信息不对称,农产品流通环节的集成化技术的运

---

① 2006年1月,农业部、商务部、交通部、发改委等七部委联合印发《全国高效率鲜活农产品流通"绿色通道"建设实施方案》,全国"五纵二横"的"绿色通道"网络建设完成并投入运行。

用，可以最大程度在一个平台上汇集各类信息，极大地减少由于信息不对称所带来的巨大损失，提高信息的使用效率，通畅整个农产品流通系统。

三是农产品保鲜技术。许多农产品（特别是生鲜农产品）具有易腐烂、不易运输等特点，农产品保鲜技术的运用可以最大限度地减少由于长途运送具有这种特性的农产品而造成的损失，可以很大程度地延长这类农产品的运送范围从而减少损耗，提高流通中农产品的价值增值。

（5）增强农产品流通政策的包容性和连续性，为农产品流通现代化提供必要的政策制度保障。

任何事物的发展都有其必然的历史过程，农产品流通及其现代化进程也是一样。在农产品流通现代化实现的过程中，需要保持农产品流通政策的包容性和连续性。保持农产品流通政策的包容性主要是指：在推进农产品流通现代化的进程中，出台农产品流通政策应该鼓励和容纳在法律框架内各种形式的农产品流通方式的探索和创新，对农产品流通领域出现的新事物要抱有容纳的态度，而不是在实现农产品流通现代化的进程中设置探索和创新的障碍。保持农产品流通政策的连续性主要是指：农产品流通领域的各项政策应在时间上保持连贯性，应设计一个长期的政策框架，协调各个部门之间的政策导向，从而形成政策合力。切忌由于政策的断层而带来农产品流通领域政策效力的发挥。

问卷编号：_____

农户调查问卷

_____省_____市_____县_____乡（镇）_____村

受访者：_____

联系电话：_____

调查员：_____

调查员联系电话：_____

审核员：_____

调查日期：_____年_____月_____日

一、农户基本状况

1. 现在您家有几口人？_____人（若受访者为户主则只调查户主一人；若受访者不是户主则需另外就户主情况向受访者询问）

	个人编码	性别 1男；2女	与户主的关系编码1	家庭人口数	劳动力数	年龄岁	受教育程度编码2	经历编码3	当前是否务农 1是；2否	务农年限	当前其他职业编码4	家庭主要收入来源：编码5	参加培训情况：1是；2否
家庭成员	1												
	2												
	3												

编码1：1 户主；2 配偶；3 儿女；4 孙子辈；5 父母；6 祖父母；7 兄弟姐妹；8 女婿儿媳；9 公婆（岳父母）；10 其他（请说明）_____

编码2：1 文盲；2 小学；3 初中；4 高中；5 中专；6 大专；7 大学本科及以上

编码3：1 曾经担任村干部；2 机关退休；3 外出打工；4 在外工作；5 退伍军人；6 离退休教师；7 企业退休；8 其他（请说明）_____；9 无特殊经历

编码4：1 短期农工；2 为农产品经销商打工；3 企业工人；4 外出打工；5 企业经理（厂长）；6 自营工商业；7 村干部；8 教师；9 学生；10 其他（请说明）_____；

编码5：1 务农收入；2 打工收入；3 自营工商业收入；4 工资收入（有正式工作岗位）；5 财产性收入（利息、租金等）；6 分红及股票收益；7 其他（请说明）_____；

2. 您家庭是否参与了各类农产品流通组织（合作社、农技协、龙头企业）？1 是；2 否

若"是",请具体指出是哪一类农产品流通组织？1 合作社；2 农技协；3 龙头企业（包含加工和销售类企业）

3. 您家庭所处的地理位置：1. 平原；2. 丘陵；3. 山区

4. 您家庭距离最近公路的距离：_____（公里）

二、农户的生产经营及经济结构状况

（一）种植业的结构、规模与效益（水稻、棉花、油菜、小麦、玉米、大豆……）

作物名称								
播种面积（亩）								
去年总产量（斤）								
去年销量（斤）								
去年销售价格（元/斤）								
去年总收入（元）								
去年成本投入（元）								
其中，种子（元）								
化肥（元）								
农药（元）								
动力费（元）								
备注								

（二）养殖业的结构、规模与效益

您家都有什么养殖（包括普通畜禽、特种畜禽、水产等）规模

单位：只、头、斤等

养殖内容						
年初规模（存栏）						
年底规模（存栏）						
去年销售量（只、头、斤）						

续表

养殖内容						
去年养殖的销售收入（元）						
去年养殖的成本投入（元）						
其中，饲料（元）						
防疫（元）						
种苗（元）						
备注						

（三）农户的经济结构状况

1. 主要农产品的售卖比及售卖渠道情况

农产品名称 比例						
合作社						
农技协						
龙头企业（包含加工和销售类企业）						
商贩（经纪人）						
批发市场的批发商						
直接售给消费者（农贸市场或路边摊）						
其他（请指出）_____						
售卖所占总产的比例						

2. 您家用于售卖的农产品是否开展简要的包装及加工？1 是；2 否

3. 您家用于售卖的农产品是否获得各种称号（如绿色农产品、有机农产品、全国及地区名牌产品等）？1 是；2 否

4. 您家用于售卖的农产品主要销往的市场：1 本地市场；2 国内外地市场；3 国外市场

三、农户的收益与成本

（一）农户经济收益与成本

农户的经济收益情况

1. 和前一年相比，您的收入是增加了还是降低了？1. 增加；2. 降低

若"增加"，增加的比例约为_____%，若"降低"，降低的比例约为_____%。

2. 和前一年相比，您所售卖的同类农产品的均价是增加了还是降低了？1. 增加；2. 降低

若"增加"，增加的比例约为_____%，若"降低"，降低的比例约为_____%。

3. 和前一年相比，您所售卖的同类农产品的最低价是增加了还是降低了？1. 增加；2. 降低

若"增加"，增加的比例约为_____%，若"降低"，降低的比例约为_____%。

4. 和前一年相比，您所售卖的同类农产品的最高价是增加了还是降低了？1. 增加；2. 降低

若"增加"，增加的比例约为_____%，若"降低"，降低的比例约为_____%。

农户的成本削减情况

1. 和前一年相比，您的销售成本是增加了还是降低了？1. 增加；2. 降低

若"增加"，增加的比例约为_____%，若"降低"，降低的比例约为_____%。

2. 和前一年相比，您的农资购买成本是增加了还是降低了？1. 增加；2. 降低

若"增加"，增加的比例约为＿＿＿＿％，若"降低"，降低的比例约为＿＿＿＿％。

3. 和前一年相比，您所获取农业信息的成本是增加了还是降低了？1. 增加；2. 降低

若"增加"，增加的比例约为＿＿＿＿％，若"降低"，降低的比例约为＿＿＿＿％。

（二）交易成本

信息成本

1. 您是否能及时知道您所售卖农产品的价格信息：1 是；2 否

2. 您所能了解您所售卖农产品的哪类市场价格信息：1 零售市场；2 批发市场；3 超市；4 其他

3. 您在交易前通常了解几次价格信息：＿＿＿＿＿＿＿＿＿

谈判成本

1. 您通常是否认识买主：1 是；2 否

2. 您的买主通常来自何地（主要是考察农户对圈子的熟悉程度）：1. 本地（较熟悉）；2 外地（不熟悉）

3. 您都认识什么类型的买主：1 零售商（经纪人）；2 批发商；3 消费者；4 合作社；5 农技协；6 龙头企业；7 其他

4. 您所要售卖的农产品，通常认识几个同类型的买主：

＿＿＿＿＿＿＿＿＿＿＿＿＿

执行成本

1. 通常完成一笔交易，所需的时间：＿＿＿＿＿＿＿＿（小时）

2. 对农产品的质量，交易的时候是否需要做简单的检验：1 是；2 否

3. 通常情况下，对农产品的质量是否有分歧：1 是；2 否

4. 通常情况下，和交易方采取什么样的付款方式：1 现金；2 赊欠；3 其他支付方式

5. 通常情况下，是否有欠款：1 是；2 否

6. 若有，通常情况下，欠款占总款项的比例约为：＿＿＿＿＿

7. 通常情况下，您和交易方是否需要签订合同：1 是；2 否

运输成本

1. 您所处的地理位置的交通条件：1. 交通条件较好；2 交通条件一般；3 交通条件较差

2. 您距最近的农产品交易地点的距离：＿＿＿＿＿＿（公里）

3. 农户所拥有的交通工具情况：1. 大型机动车；2. 小型机动车（包括拖拉机）；3 人畜力车；4 无任何交通工具

（三）农户的其他收益（主要针对中介组织）

1. 是否提供农业生产技术指导和培训：1 是；2 否

2. 是否能提供资金借贷服务：1 是；2 否

3. 是否能协助解决市场交易争端：1 是；2 否

4. 是否有助于降低农户的市场风险：1 是；2 否

5. 是否帮助农户开展一些农业领域的维权活动：1 是；2 否

（四）交易对象和方式对农户心理的影响

1. 通常在交易中，您信任您的交易对象吗？1. 不信任；2. 不太信任；3. 信任

2. 通常在交易中，您和您的交易对象合作愉快吗？1. 不愉快；2. 不太愉快；3. 愉快

谢谢您的支持！祝您生活愉快！

参 考 文 献

［1］阿玛蒂亚·森. 以自由看待发展（任赜、于真译）［M］. 北京：中国人民大学出版社，2002.

［2］艾森斯塔德. 现代化：抗拒与变迁（中文版）［M］. 北京：中国人民大学出版社，1988.

［3］邴正主. 改革开放与中国社会学［M］. 北京：社会科学文献出版社，2009：245 – 276.

［4］曹利群. 农产品流通组织体系的重建［J］. 学术月刊，2001（8）：30 – 35.

［5］陈炳辉、安玉发、刘玉国. 我国农产品批发市场升级改造的目标模式与重点选择［J］. 农村经济，2006（5）：107 – 110.

［6］陈俊明. 政治经济学批判——从《资本论》到《帝国主义论》［M］. 北京：中央编译出版社，2006.

［7］陈淑祥. 中西方国家农产品流通比较［J］. 重庆工商大学学报（西部论坛），2006（8）：19 – 23.

［8］邓俊森、戴蓬军. 供应链管理下鲜活农产品流通模式的探讨［J］. 商业研究，2006（23）：186 – 188.

［9］丁俊发. 中国流通［M］. 北京：中国人民大学出版社，2006.

［10］丁俊发、张绪昌. 跨世纪的中国流通发展战略［M］. 北京：中国人民大学出版社，1998：30.

［11］丁声俊．深化农产品流通体制改革的目标与思路［J］．农业经济问题，1997（7）：9－11.

［12］傅兵．美国农产品出口支持政策研究与思考［J］．世界农业，2004（3）：17－19.

［13］高进云．农地城市流转中农民福利变化研究［D］．武汉：华中农业大学博士学位论文，2008：14.

［14］高进云、乔荣锋．农地城市流转前后农户福利变化差异分析［J］．中国人口·资源与环境，2011（1）：99－105.

［15］高进云、乔荣锋、张安录．农地城市流转前后农户福利变化的模糊评价——基于森的可行能力理论［J］．管理世界，2007（6）：45－55.

［16］高进云、周智、乔荣锋．森的可行能力理论框架下土地征收对农民福利的影响测度［J］．中国软科学，2010（12）：59－69.

［17］高铁生．认清形势　抓住机遇　推进我国流通现代化——在中国流通经济杂志百期纪念座谈会上的讲话［J］．中国流通经济，2003（1）：12－15.

［18］高燕、朱信凯、盼勇辉．构建我国农产品批发市场运行模式［J］．中国农村经济，1999（9）：31－33.

［19］郭崇义、庞毅．基于流通实力的农产品流通模式选择及优化［J］．北京工商大学学报（社会科学版），2009（7）：7－11.

［20］国务院发展研究中心课题组．"十二五"时期我国农村改革发展的政策框架与基本思路［J］．改革，2010（5）：5－20.

［21］韩长赋．大力推进"农超对接"促进"菜篮子"产品稳定发展保障市场有效供应［N］．农民日报，2010－12－31（002）.

［22］何国平．走向市场：农业流通领域合作组织的理论与实践［M］．北京：中国经济出版社，2007：72－76.

［23］贺雪峰．中国农业的发展道路与政策重点［J］．南京农

业大学学报（社会科学版），2010. 10（4）：1 - 7.

［24］胡定寰. "农超对接"怎样做？［M］. 北京：中国农业科学技术出版社，2010.

［25］胡华平. 农产品营销渠道演变与发展研究［D］. 武汉：华中农业大学博士学位论文，2011.

［26］胡永仕、王健. 我国农产品流通现代化路径分析［J］. 物流技术，2009（12）：33 - 35.

［27］黄春铃. 农产品流通组织创新的途径和对策——基于市场结构理论和组织创新的成本收益分析［J］. 生产力研究，2007（1）：25 - 26 + 31.

［28］黄国雄、曹厚昌. 现代商学通论［M］. 北京：人民日报出版社，1997：530.

［29］黄福华. 现代物流与推进商贸流通现代化［J］. 民族论坛，2002（10）：27 - 30.

［30］黄木姣. 依靠科学技术促进商贸流通现代化［J］. 经济工作通讯，1996（9）：28 - 29.

［31］黄祖辉、梁巧. 小农户参与大市场的集体行动——以浙江省箬横西瓜合作社为例的分析［J］. 农业经济问题，2007（9）：66 - 71.

［32］黄祖辉、刘东英. 我国农产品物流体系建设与制度分析［J］. 农业经济问题，2005（4）：49 - 54.

［33］黄祖辉、吴克象、金少胜. 发达国家现代农产品流通体系变化及启示［J］. 福建论坛（经济社会版），2003（4）：32 - 36.

［34］黄祖辉、张静、Kevin Chen. 交易费用与农户契约选择——来自浙冀两省15县30个村梨农调查的经验证据［J］. 管理世界，2008（9）：76 - 81.

［35］黄宗智. 中国的新时代小农场及其纵向一体化：龙头企

业还是合作组织［EB/OL］. 2009 年 11 月，http：//www. lishiyushe-hui. cn/uploads/topic/top_4af68c619c555. pdf.

［36］洪银兴、郑江淮. 反哺农业的产业组织与市场组织——基于农产品价值链的分析［J］. 管理世界，2009（5）：67 - 79.

［37］纪良纲等. 农产品流通中介组织研究［M］. 北京：中国商业出版社，1998：246 - 252.

［38］纪良纲. 研究流通产业升级的创新之作［J］. 财贸经济，2006（12）：94.

［39］贾屡让、张立中. 中国流通产业及其运行［M］. 中国物资出版社，1998：591 - 592.

［40］贾生华、刘清华. 拍卖交易与我国农产品批发市场交易方式创新［J］. 中国农村经济，2001（2）：63 - 67.

［41］蒋忱忱. 法国的农业合作社［J］. 中国合作经济评论，2011（2）：120 - 140.

［42］江夏等. 希望田野上的斑斓画卷——探寻中国特色农业现代化道路［N］. 人民日报，2010 - 11 - 18（001）.

［43］姜增伟. 农超对接：反哺农业的一种好形式［J］. 求是，2009（23）：38 - 40.

［44］柯柄生. 健全农产品市场体系，提高农产品流通效率［J］. 农村合作经济经营管理，2003（2）：10 - 11.

［45］科斯. 企业的性质——论生产的制度结构［M］. 上海三联书店，1994：9.

［46］科斯. 社会成本问题——财产权利与制度变迁［M］. 上海三联书店，1994：20.

［47］寇平君、卢凤君、陈雄烈. 我国农产品市场主体结构变异及其回归策略研究［J］. 经济体制改革，2003（1）：17 - 19.

［48］寇平君、卢凤君、沈泽红. 构建我国农产品市场流通模

式的战略性思考 [J]. 农业经济问题, 2002 (8): 13 – 17.

[49] 库尔斯、乌尔. 农产品市场营销学 [M]. 北京: 清华大学出版社, 2006.

[50] 李炳坤. 农产品流通体制改革与市场制度建设 [J]. 中国农村经济, 1999 (6): 11 – 18.

[51] 李保全等. 河南农业现代化研究 [M]. 河南: 中原传媒出版集团, 2008: 16 – 17.

[52] 李春成、李崇光. 完善我国农产品流通体系的几点思考 [J]. 农村经济, 2005 (3): 16 – 19.

[53] 李春海. 制约农产品流通效率的制度瓶颈及其消减 [J]. 财贸研究, 2005 (3): 22 – 26.

[54] 李春海. 改善农产品流通的制度性条件 [J]. 财贸研究, 2006 (1): 47 – 52.

[55] 李崇光、宋长鸣. 蔬菜水果产品价格波动与调控政策 [J]. 农业经济问题, 2016 (2): 17 – 24 + 110.

[56] 李崇光、肖小勇、张有望. 蔬菜流通不同模式及其价格形成的比较——山东寿光至北京的蔬菜流通跟踪考察 [J]. 中国农村经济, 2015 (8): 53 – 66.

[57] 李崇光等. 农产品营销渠道冲突与整合研究 [M]. 北京: 科学出版社, 2011.

[58] 李飞. 中国商品流通现代化的评价指标体系研究 [J]. 清华大学学报 (哲学社会科学版), 2005 (3): 12 – 17.

[59] 李丽. 我国流通技术应用现状与展望 [J]. 中国流通经济, 2010 (2): 23 – 26.

[60] 李尚勇. 农民合作社的制度逻辑——兼谈其发展存在的问题 [J]. 农业经济问题, 2011 (7): 73 – 81.

[61] 李莹等. 农民专业合作社参与"农超对接"的影响因素

分析 [J].农业技术经济,2011 (5):65-71.

[62] 李予阳."农超对接"试点工作初见成效 [N].经济日报,2010-12-03 (003).

[63] 李泽华.农产品契约交易及其发展条件 [J].农业经济,2000 (12):34-35.

[64] 梁佳、刘东英.中国农产品流通体制变革的动因与趋势 [J].中国农学通报,2010,26 (20):417-422.

[65] 林志远.可资借鉴的美国"三农"政策 [J].经济要参,2003 (3):12-14.

[66] 刘刚.鲜活农产品流通模式演变动力机制及创新 [J].中国流通经济,2014 (1):33-37.

[67] 刘芳.农村商品流通现代化的模式分析 [J].北方经济,2008 (1):26-28.

[68] 刘天军、胡华平、朱玉春等.我国农产品现代流通体系机制创新研究 [J].农业经济问题,2013 (8):20-25+110.

[69] 刘志、尹贻梅.演化经济地理学:当代西方经济地理学发展的新方向 [J].外国社会科学,2006 (1):36.

[70] 刘晓峰."农超对接"模式下农户心理契约的构成反中介效应分析 [J].财贸经济,2011 (2):69-73.

[71] 卢凌霄、周运恒.农产品流通效率衡量的研究:一个文献综述 [J].财贸研究,2008 (6):34-38.

[72] 罗必良.中国农产品流通体制改革的目标模式 [J].经济理论与经济管理,2003 (4):23-25.

[73] 罗必良、王玉蓉、王京安.农产品流通组织制度的效率决定:一个分析框架 [J].农业经济问题,2000 (8):26-31.

[74] 罗荣渠.现代化新论 [M].北京:商务印书馆,2004:17-18.

［75］马崇明. 中国现代化进程［M］. 北京：经济科学出版社，2003.

［76］马克思. 马克思恩格斯选集（中文2版第四十六卷）［M］. 北京：人民出版社，2003.

［77］马丽岩. 河北省农民专业合作社利益分配问题研究［D］. 河北农业大学硕士学位论文，2008：48－49.

［78］马龙龙. 流通产业结构［M］. 北京：清华大学出版社，2006.

［79］米新丽. 论农民专业合作社的盈余分配制度——兼评我国（农民专业合作社法）相关规定［J］. 法律科学（西北政法大学学报），2008（6）：89－96.

［80］牟瀛. 美国农业政策与农业现代化［J］. 经济学动态，1979（2）：22－24.

［81］南飞燕. 中国现代农业的道路究竟是什么？—中国现代农业发展的研究报告［EB/OL］. http：//www. maoflag. net/？action-viewthread-tid－1567499.

［82］宁宇新、荣倩倩. 农业产业化视角下"农超对接"收益分配研究［J］. 财经科学，2015（10）：102－111.

［83］潘启胜. 农超对接：架起农产品流通的新桥［J］. 求是，2008（5）：45－46.

［84］祁春节、蔡荣. 我国农产品流通体制演进回顾及思考［J］. 经济纵横，2008（10）：45－48.

［85］钱忠好. 节约交易费用：农业产业化经营成功的关键—对江苏如意集团的个案研究［J］. 中国农村经济，2000（8）：62－66.

［86］秦海. 制度、演化与路径依赖［M］. 北京：中国财政经济出版社，2004.

［87］屈小博、霍学喜. 交易成本对农户农产品销售行为的影

响——基于陕西省6个县27个村果农调查数据的分析 [J]. 中国农村经济, 2007 (8): 35 - 46.

[88] 生秀东. 订单农业的契约困境和组织形式的演进 [J]. 中国农村经济, 2007 (12): 35 - 39.

[89] 舒尔茨. 改造传统农业 [M]. 北京: 商务印书馆, 2006.

[90] 宋则. 促进流通创新提高流通效能的政策研究 [J]. 市场与电脑, 2001 (1): 6 - 15.

[91] 宋则、张弘. 中国流通现代化评价指标体系研究 [J]. 商业时代, 2003 (11): 2 - 3.

[92] 隋姝妍、大岛一二. 试论农民专业合作社在农产品流通中的作用 [J]. 农村经济, 2010 (8): 122 - 124.

[93] 孙剑. 我国农产品流通效率测评与演进趋势——基于1998~2009年面板数据的实证分析 [J]. 中国流通经济, 2011 (5): 21 - 25.

[94] 孙剑、李崇光. 论农产品营销渠道的历史变迁及发展趋势 [J]. 北京工商大学学报 (社会科学版), 2003 (2): 18 - 20.

[95] 单玉丽、刘克辉. 台湾工业化过程中的现代农业发展 [M]. 北京: 知识产权出版社, 2009.

[96] 孙冶方. 流通概论 [J]. 财贸经济, 1981 (1): 5 - 9.

[97] 谭向勇等. 北京市主要农产品流通效率研究 [M]. 北京: 中国物资出版社, 2008.

[98] 仝新顺、吴宜. 农村流通现代化研究综述 [J]. 物流工程与管理, 2009 (1): 33 - 34.

[99] 万钟汶、杨隆年. 不完全竞争下蔬菜运销价差结构之分析 [J]. 农产运销论丛, 1996 (31): 21 - 33.

[100] 万俊毅. 准纵向一体化、关系治理与合约履行——以农业产业化经营的温氏模式为例 [J]. 管理世界, 2008 (12): 93 - 102.

［101］王广深、马安勤. 农产品流通现代化的内涵及作用研究
［J］. 现代商业，2007（16）：15.

［102］王金河. 农产品流通供应链管理新模式探讨［J］. 农业
经济，2008（1）：81－82.

［103］王娜、张磊. 农产品流通效率的评价与提升对策研究——
基于流通产业链视角的一个分析框架［J］. 农村经济，2016（4）：
109－114.

［104］王蒲华. 农民合作经济组织的实践与发展——福建实证
分析［M］. 北京：中国农业出版社，2006：197－206.

［105］王文壮. 海南与台湾［M］. 北京：中国农业出版社，
2008：410－417.

［106］王晓红. 我国农产品现代流通体系建设研究［J］. 经济
体制改革，2011（4）：73－76.

［107］王小娜. 基于分散小农户的农产品流通渠道研究——以
广西为例［D］. 广西大学硕士学位论文，2008.

［108］王新利. 黑龙江垦区农产品物流发展战略研究［J］. 农
场经济管理，2005（6）：29－31.

［109］王义伟. 合作社内部制度安排：基于利益分配视角的研
究［D］. 杭州：浙江大学硕士学位论文，2004：48－49.

［110］王元、刘冬梅等. 我国农村专业技术协会的运行机制与
发展方向研究［M］. 北京：中国农业科学技术出版社，2009.

［111］王志刚. 市场、食品安全与中国农业发展［M］. 北京：
中国农业科学技术出版社，2006：161－173.

［112］王志刚、李腾飞、黄圣男、许前军. 基于 Shapley 值法
的农超对接收益分配分析——以北京市绿富隆蔬菜产销合作社为例
［J］. 中国农村经济，2013（5）：88－96.

［113］威廉姆森. 资本主义经济制度［M］. 北京：商务印书

馆，2004.

[114] 威廉姆森、陈郁. 企业制度与市场组织——交易用经济学文选 [M]. 上海：上海人民出版社，1996.

[115] 文启湘、郭妍. 我国农产品流通现代化组织体系模式探讨及其构建 [A]. 中国商业经济学会，"2003 推进商贸流通现代化"研讨会论文集 [C]. 中国商业经济学会，2003：10.

[116] 文启湘、陶伟军. 农产品交易困境与对策：资产专用性维度的分析 [J]. 中国农村经济，2001（9）：59－64＋80.

[117] 武拉平. 中国主要农产品市场行为研究 [M]. 北京：中国农业出版社，2002：6－100.

[118] 武云亮. 中国流通产业理论与政策研究 [M]. 合肥：合肥工业大学出版社，2008.

[119] 习近平. 中国农村市场化研究 [D]. 北京：清华大学博士学位论文，2001：37.

[120] 夏冬泓、杨杰. 合作社收益及其归属新探 [J]. 农业经济问题，2010（4）：33－40.

[121] 肖为群、魏国辰. 发展农产品供应链合作关系 [J]. 宏观经济管理，2010（5）：13－17.

[122] 肖怡. 国外农产品批发市场的发展对广东的启示与借鉴 [J]. 南方经济，2004（4）：23－27.

[123] 熊会兵、肖文韬. "农超对接"实施条件与模式分析 [J]. 农业经济问题，2011（2）：69－72.

[124] 徐从才等. 流通革命与流通现代化 [M]. 中国人民大学出版社，2009：14.

[125] 徐旭初、吴彬. 治理机制对农民专业合作社绩效的影响—基于浙江省526家农民专业合作社的实证分析 [J]. 中国农村经济，2010（5）：43－55.

［126］徐振宇．提升农产品流通效率促进经济增长方式转变
［J］.北京工商大学学报（社会科学版），2007（6）：6-9.

［127］任鸣鸣．物流是农产品连锁经营的关键环节［J］.经济
论坛，2004（8）：98-99.

［128］许文富．农产运销学［M］.台北：中正书局，1992：9.

［129］许文富．农产运销学［M］.台北：中正书局，2004：408.

［130］许文富．台湾主要蔬菜运销价差及成本之研究［R］.台
北：台湾大学农业经济研究所，1984：5.

［131］许文富、萧清仁．农产品运销服务业发展之研究：主要
农产品市场结构与运销效率［R］.台北：台湾人学农业经济研究
所，1990：20.

［132］薛建强．中国农产品流通体系深化改革的方向选择与政
策调整思路［J］.北京工商大学学报（社会科学版），2014，29
（2）：32-38+69.

［133］晏维龙．论我国流通产业现代化［N］.经济日报，
2002-12-23（T00）.

［134］杨利华．中国蔬菜流通协会赴台湾农产品经贸团考察报
告［EB］.http：//www. luna. com. cn/showDzkw. aspx? ID=9&CID=
62，2009.

［135］姚红．流通现代化理论与实证分析［D］.北京：中国人
民大学博士学位论文，2005.

［136］杨晶、李先国、王超．关于完善我国农超对接模式的战
略思考［J］.科学决策，2014（9）：66-81.

［137］姚今观．农产品流通体制与价格制度改革的新构想［J］.
财贸经济，1996（5）：27-29.

［138］姚明霞．福利经济学［M］.北京：经济日报出版社，
2005.

［139］姚洋．自由、公正和制度变迁［M］．郑州：河南人民出版社，2002.

［140］杨青松．农产品流通模式研究［D］．北京：中国社会科学院研究生院博士学位论文，2011.

［141］杨圣明、王诚庆．第五个现代化——流通现代化［J］．中国社会科学院研究生院学报，1995（2）：7-14.

［142］杨为民．农产品供应链一体化模式初探［J］．农村经济，2007（6）：33-35.

［143］游振铭．台湾蔬菜运销通路之效率研究［D］．台北：台湾大学硕士论文，1993：20.

［144］余胜伟．湖北省农业产业化形势发展报告［R］．湖北省农业产业化信息网：http：//www. hbagri. gov. cn/cyh/tabid/204/InfoID/22791/frtid/183/Default. aspx［EB/OL］.，2011-05-04.

［145］喻闻、黄季焜．从大米市场整合程度看我国粮食市场改革［J］．经济研究，1998（3）：50-57.

［146］张世晴、李书华．现代零售价值链提升现代农业发展——论"农超对接"的机遇［J］．南京理工大学学报（社会科学版），2010（8）：10-14.

［147］曾欣龙等．中国农产品流通体制改革六十年回顾与展望［J］．江西农业大学学报（社会科学版），2011，10（1）：127-132.

［148］曾寅初等．中国农产品流通的制度变迁—制度变迁过程的描述性整理［C］．"WTO与东亚农业发展"国际学术研讨会资料，2004年3月.

［149］张闯、夏春玉．农产品流通渠道：权利结构与组织体系构建［J］．农业经济问题，2005（7）：28-34.

［150］张吉隆、魏静．农产品流通组织创新研究［J］．商业研

究，2005（14）：181-184.

[151] 张静. 交易费用与农户契约选择——来自梨农调查的经验证据 [D]. 杭州：浙江大学博士学位论文，2009：81.

[152] 张江华、朱道立. 浅析农村商品流通现代化 [J]. 物流科技，2006（29）：126-128.

[153] 张敏聪. 拍卖交易在我国农产品流通中的作用 [J]. 乡镇经济，2002（4）：11-13.

[154] 张五常. 佃农理论——应用于亚洲的农业和台湾的土地 [M]. 商务印书馆，2000.

[155] 赵翠红. 流通现代化与建设社会主义新农村问题研究 [J]. 物流工程，2007（9）：83-85.

[156] 赵剑. 以批发市场为中心的蔬菜物流发展模式研究——以四川彭州为例 [J]. 农村经济，2010（7）：116-118.

[157] 赵显人. 促进我国农产品流通现代化 [J]. 农村工作通讯，2009（23）：6-7.

[158] 赵晓飞、李崇光. 农产品流通渠道变革：演进规律、动力机制与发展趋势 [J]. 管理世界，2012（3）：81-95.

[159] 赵晓飞、田野. 农产品流通渠道变革的经济效应及其作用机理研究 [J]. 农业经济问题，2016（4）：49-57+111.

[160] 赵晓飞、田野. 农产品流通领域农民合作组织经济效应的动因与作用机理分析 [J]. 财贸研究，2016，27（1）：52-61.

[161] 张岩. 对我国流通现代化问题的若干思考 [J]. 商业研究，2005（14）：211-213.

[162] 张岩. 日本流通体制变革研究 [M]. 经济管理出版社，2007.

[163] 张昱. 农产品市场竞争力的理论与实证分析 [D]. 杭州：浙江大学博士论文，2003.

[164] 张赞、张亚军. 我国农产品流通渠道终端变革路径分析 [J]. 现代经济探讨, 2011 (5): 71-75.

[165] 郑丹. 农民专业合作社盈余分配状况探究 [J]. 中国农村经济, 2011 (4): 74-80.

[166] 郑适、王志刚. 农户参与专业合作经济组织影响因素的分析 [J]. 管理世界, 2009 (4): 171-172.

[167] 郑文凯、宋洪远. 中国农业产业化发展报告 [M]. 北京: 中国农业出版社, 2008: 20.

[168] 周发明. 构建新型农产品营销体系的研究 [M]. 北京: 社会科学文献出版社, 2009.

[169] 周兆生. 流通型农业合作社的交易效率分析 [J]. 中国农村观察, 1999 (3): 29-34.

[170] 朱信凯. 对我国农产品拍卖交易方式的思考 [J]. 经济问题, 2005 (3): 23-25.

[171] 朱自平. 我国农业产业化历程中农产品物流问题研究 [D]. 天津大学博士学位论文, 2008.

[172] Alderson W. Marketing behavior and executive action [M]. Arno Press, 1957.

[173] Artur G. , Urutyan V. , Hakhnazaryan J. Increasing Presence of Farmer Associations in Local and Export Markets: case of Armenian Milk, Fruit and Vegetable Producers [J]. Warsaw University Poland, 2007 (11): 137-154.

[174] Arthur W. B. Competing Technologies, Increasing Returns, and Lock-In by Historical Events [J]. Economic Journal, 1989, 99 (394): 116-131.

[175] Bignebat C. , Koc, A. A. , Lemeilleur S. , et al. Small producers, supermarkets, and the role of intermediaries in Turkey's fresh

fruit and vegetable market. [J]. Agricultural Economics, 2009, 40 (s1): 807 – 816.

[176] Cerioli A. , Zani S. A Fuzzy Approach To The Measurement Of Poverty [J]. 1990: 272 – 284.

[177] Cheli B. , Lemmi A. A totally fuzzy and relative approach to the multidimensional analysis of poverty [J]. Economic Notes, 1995, 24 (1): 115 – 134.

[178] Collins J. L. New Directions in Commodity Chain Analysis of Global Development Processes [J]. Research in Rural Sociology & Development, 2005, (11): 3 – 17.

[179] Coughlan A. T. , Lal R. Retail Pricing: Does Channel Length Matter? [J]. Managerial & Decision Economics, 1992, 13 (3): 201 – 214.

[180] David P. A. Path Dependence, Its Critics and the Quest for 'Historical Economics' [J]. Working Papers, 2000.

[181] DeeVon Bailey and Lynn Hunnicutt, The Role of transaction costs in Market Selection: Market Selection in Commercial Feeder cattle Operations [J]. Paper Presented at the Annual Meeting of the American Agricultural Economics association in Long Beach, 2002, (7): 28 – 31.

[182] Deng H. , Huang J. , Xu Z. , et al. Policy support and emerging farmer professional cooperatives in rural China [J]. China Economic Review, 2010, 21 (4): 495 – 507.

[183] Douglass C. North. A Transaction Cost Theory of Politics [J]. Journal of Theoretical Politics, 1990, 2 (4): 355 – 367.

[184] Forman S. , Riegelhaupt J. F. Market Place and Marketing System: Toward a Theory of Peasant Economic Integration [J]. Comparative Studies in Society & History, 1970, 12 (2): 188 – 212.

[185] Ghezán G. , Mateos M. , Viteri L. Impact of Supermarkets

and Fast – Food Chains on Horticulture Supply Chains in Argentina [J]. Development Policy Review, 2010, 20 (4): 389 – 408.

[186] Goldman A. Outreach of Consumers and the Modernization of Urban Food Retailing in Developing Countries [J]. Journal of Marketing, 1974, 38 (4): 8 – 16.

[187] Gong W., Parton K., Cox R. J., et al. Transaction costs and cattle farmers' choice of marketing channels in China: A Tobit analysis [J]. Management Research News, 2007, 30 (1): 47 – 56.

[188] Harris P., Guo Q. Retailing Reform and Trends in China [J]. International Journal of Retail & Distribution Management, 1990, 18 (5).

[189] Heide J. B., John G. Do Norms Matter in Marketing Relationships? [J]. Journal of Marketing, 1992, 56 (2): 32 – 44.

[190] Hualiang Lu, A Two – Stage Value chain Model for Vegetable Marketing chain Efficiency Evaluation: A Transaction Cost Approach [A]. Contributed Paper, Prepared for Presentation at The international association of agricultural Economists Conference, Gold Coast, Australia, 2006, (8): 12 – 18.

[191] Hobbs J. E. Measuring the Importance of Transaction Costs in Cattle Marketing [J]. American Journal of Agricultural Economics, 1997, 79 (4): 1083 – 1095.

[192] Hoppner J. J., Griffith D. A. Looking Back to Move Forward: A Review of the Evolution of Research in International Marketing Channels [J]. Journal of Retailing, 2015, 91 (4): 610 – 626.

[193] Iv G. F. W., Worm S., Palmatier R. W., et al. The Evolution of Marketing Channels: Trends and Research Directions [J]. Journal of Retailing, 2015, 91 (4): 546 – 568.

[194] Jaffe E. D. , Yi L. What are the drivers of channel length? Distribution reform in The People's Republic of China [J]. International Business Review, 2007, 16 (4): 474 – 493.

[195] Jose B. , Spencer H. , Towhidul I. Marketing preferences of small-scale farmers in the context of new agrifood systems: a stated choice model [J]. Agribusiness, 2010, 25 (2): 251 – 267.

[196] Karfakis P. , Hammam Howe T. The economic and social weight of small scale agriculture. Evidence from the Rural Income Generating Activities survey data [C]. 111th Seminar, June 26 – 27, 2009, Canterbury, UK. European Association of Agricultural Economists, 2009.

[197] Krafft M. , Goetz O. , Mantrala M. , et al. The Evolution of Marketing Channel Research Domains and Methodologies: An Integrative Review and Future Directions [J]. Journal of Retailing, 2015, 91 (4): 569 – 585.

[198] Layton R. A. Measures of Structural Change in Macromarketing Systems [J]. Journal of Macromarketing, 1989, 9 (1): 5 – 15.

[199] Livesay H. C. , Porter P. G. Vertical Integration in American Manufacturing, 1899 – 1948 [J]. Journal of Economic History, 1969, 29 (3): 494 – 500.

[200] Louwi A. Dynamics of the Restructuring Fresh Produce Food Markets in the Southern African Region [C]. International Association of Agricultural Economists, 2009.

[201] Magali A. , Philippe P. Is there a future for small farms in developed countries? Evidence from the French case [J]. Agricultural Economics, 2010, 40 (s1): 797 – 806.

[202] Martinetti E. C. A multidimensional assessment of well-being based on sen's functioning approach [J]. Rivista Internazionale Di Sci-

enze Sociali, 2000, 108 (2): 207 - 239.

［203］McCammon, Burt Jr. Perspectives on Distribution Programming. In Vertical Marketing Systems. Ed. L. Bucklin. Glenview, IL: Scott, Foresman, 1970, 2 - 48.

［204］Mcguire T. W. , Staelin R. An Industry Equilibrium Analysis of Downstream Vertical Integration ［J］. Marketing Science, 2008, 27 (1): 115 - 130.

［205］Miceli D. Measuring Poverty Using Fuzzy Sets ［J］. General Information, 1998, 23 (3): 81 - 93.

［206］Mohr J. , Nevin J. R. Communication Strategies in Marketing Channels: A Theoretical Perspective ［J］. Journal of Marketing, 1990, 54 (4): 36 - 51.

［207］Page S. E. An Essay on the Existence and Causes of Path Dependence ［J］. Cambridge University Press, 2005.

［208］Park A. , Jin H. , Rozelle S. , et al. Market Emergence and Transition: Arbitrage, Transaction Costs, and Autarky in China's Grain Markets ［J］. American Journal of Agricultural Economics, 2002, 84 (1): 67 - 82.

［209］Pierson P. Increasing Returns, Path Dependence, and the Study of Politics ［J］. American Political Science Review, 2000, 94 (2): 251 - 267.

［210］Pieniadz, A. et al. Small farmers in the Romanian dairy market: Do they have a future ［C］. 111 EAAE - IAAE Seminar "Small Farms: decline or persistence". University of Kent, Canterbury, UK.

［211］Weld L. D. H. , Nourse E. G. The Marketing of Farm Products ［J］. Journal of Political Economy, 1916: 448.

［212］Reardon T, Berdegué J. A. The Rapid Rise of Supermarkets in Latin America: Challenges and Opportunities for Development [J]. Development Policy Review, 2010, 20 (4): 371 – 388.

[213] Richard L. Kohs, Joseph N. Uhl. Marking of Agricultural Products [M]. New Jersey: Prentice Hall, 2001.

[214] Schout A. , North D. C. Institutional Change and Economic Performance [J]. Economic Journal, 1990, 101 (409): 1587.

[215] Sharma A. , Dominguez L. V. Channel evolution: a framework for analysis [J]. Journal of the Academy of Marketing Science, 1992, 20 (1): 1 – 15.

[216] Shepherd A. W. Approaches to linking producers to markets. A review of experiences to date [J]. Agricultural Management Marketing & Finance Occasional Paper, 2007.

[217] Shimaguchi M. , Lazer W. Japanese distribution channels-invisible barriers to market entry [J]. MSU Business Topics, 1979, 27 (1): 49 – 62.

[218] Stern L. W. Distribution Channels: Behavioral Dimensions [J]. Journal of Marketing, 1969, 34 (1): 112.

[219] Wadinambiaratchi G. H. Development of Food Retailing In Ceylon [D]. Ph D Dissertation, 1967.

[220] Watson G. F, Worm S. , Palmatier R. W. et al. The Evolution of Marketing Channels: Trends and Research Directions [J]. Journal of Retailing, 2015, 91 (4): 546 – 568.

[221] Webster F. E. The Changing Role of Marketing in the Corporation [J]. Journal of Marketing, 1992, 56 (4): 1 – 17.

[222] William J. Abernathy, James M. Utterback. Patterns of Innovation in Industry [J]. Technology Review, 1978, 80 (7): 40 – 47.

后　记

本书是在作者博士论文的基础上修改、扩充、完善而成的，特别感谢我的硕博指导老师华中农业大学经济管理学院的李崇光教授，李老师从论文选题、研究框架设计到数据收集与调研、论文撰写与修改等方面都倾注了大量心血。在此，我要向我最敬重的老师致以最诚挚的谢意！国务院发展研究中心的程国强研究员、中国农科院的张蕙杰研究员、华中师范大学的曹阳教授、中南财经政法大学的侯石安教授、华中农业大学的祁春节教授、陶建平教授和李艳军教授阅览了本书的初稿，并为本书提出了重要的修改意见，使得本书整体上变得更好。

本书的部分内容以论文形式发表于《农业经济问题》《中国流通经济》《华中农业大学学报（社会科学版）》等重要期刊上，其中1篇被人大复印资料全文转载，成果被引用累计达100多次（中国知网）。

湖北省人民政府研究室产业处处长黄良港研究员和农村处陈伟诚副处长、中国科学技术发展战略研究院农村与区域科技发展研究所所长刘冬梅研究员和陈诗波副研究员、武汉市家乐福的生鲜直采经理张冲先生和周文泉先生，重庆市家乐福生鲜直采经理徐嵩涛先生，成都市家乐福生鲜直采经理樊永清先生以及所调研合作社的理事长和相关人员，以及华中农业大学李崇光教授团队的老师和同学都为本书在数据的获取方面提供了巨大帮助和便利，在此一并表示感谢！

后 记

值此书付梓之际，还要特别感谢江西省审计厅纪检组长徐鸿教授，徐教授与我虽没有师生之名，却有师生之实，从我到东华理工大学工作以来，在工作、学习、生活多个方面给予我诸多帮助，在此深表谢意！感谢东华理工大学地质资源经济与管理研究中心主任邹晓明教授、经济管理学院熊国保院长、李兴平副院长、张坤副院长、马智胜教授、戴军教授、科研处朱青副处长、赵玉博士、李争博士、张丽颖博士、李胜连博士和张玉老师等领导、同事和朋友一直以来对我的关心和帮助！

本书的出版得到了东华理工大学学术专著出版资金、东华理工大学地质资源经济与管理研究中心、东华理工大学资源与环境经济研究中心、江西省软科学研究培育基地"资源与环境战略研究中心"、江西省"工商管理"省级重点学科的联合资助。感谢经济科学出版社李雪编辑为本书的出版所给予的大量无私的付出！

最后，谨以此书献给我最爱的家人！我在工作中取得的点滴成就都离不开亲情的理解和支持。多年来，我的父母对我在外二十余年的求学和工作而不能尽孝没有任何怨言，始终在背后默默支持我。感谢我的岳父岳母在背后默默的关心和付出。我还要特别感谢我的爱人熊玮女士，我在工作上取得的点滴成就都离不开她在背后默默的包容和支持。最后，我要将此书献给我刚满两周岁的一双儿女糖糖和果果，祝他（她）们一直都能健康、快乐、幸福的成长！

郑 鹏

2016 年 12 月